講談社文庫

バラ肉のバラって何？

誰かに教えたくてたまらなくなる〝あの言葉〟の本当の意味

金澤信幸

バラ肉のバラって何?

目次

ひとりぼっちの**ぼっち**って
おじゃんになるの**おじゃん**って
はめをはずすの**はめ**って
どんちゃん騒ぎの**どんちゃん**って
ゆびきりゲンマンの**ゲンマン**って
もっけの幸いの**もっけ**って
バッタ屋、バッタもんの**バッタ**って
験が良いの**験**って
コケにするの**コケ**って
むしずが走るの**むしず**って
へのかっぱって
四六時中の**四六時**って
どんぶり勘定の**どんぶり**って
灯台下暗しの**灯台**って
とどのつまりの**とど**って
えこひいきの**えこ**って
かきいれ時の**かき**って

折り紙付きの**折り紙**って
お茶目の**茶目**って
土壇場の**土壇**って
ケチを付けるの**ケチ**って
Hするの**H**って
ほくそ笑むの**ほくそ**って
やんちゃな子の**やんちゃ**って
おべっかを使うの**おべっか**って
やまをはるの**やま**って
肩書の**肩**って
面白いの**面**って
もったいないの**もったい**って
だらしないの**だらし**って
おくびにも出さないの**おくび**って
綺羅星のごとくの**綺羅**って
万引きの**万**って
せつないの**せつ**って
チャキチャキの江戸っ子の**チャキチャキ**って

まどろっこしいの**まどろっこ**って
みっともないの**みっとも**って
べらんめえ言葉の**べらんめえ**って
しあさっての**し**って
大盤振る舞いの**大盤**って
一生懸命の**一生**って
こまっしゃくれたの**こまっしゃくれ**って
へんてこの**てこ**って
とんずらするの**とんずら**って
ビビるの**ビビ**って
お鉢が回ってくるの**お鉢**って
ひとしおの**しお**って
ぶっきらぼうの**ぶっきら**って
度し難いの**度**って
とちるの**とち**って
しっぺ返しの**しっぺ**って
糊口をしのぐの**糊口**って
海千山千の**千**って
辻褄が合うの**辻褄**って

くだを巻くの**くだ**って
ぐれるの**ぐれ**って
ペーペーの新人の**ペーペー**って
溜飲が下がるの**溜飲**って
うるう年の**うるう**って
へそくりの**へそ**って
へそを曲げるの**へそ**って
しち面倒くさいの**しち**って
ほうほうのていの**ほうほう**って
年寄りの冷や水の**冷や水**って
長いものには巻かれろの**長いもの**って
与太話の**与太**って
野次馬の**野次**って
半畳を入れるの**半畳**って
横紙破りの**横紙**って
金に糸目を付けないの**糸目**って
朝っぱらの**ぱら**って
長丁場の**丁場**って
もぬけの殻の**もぬけ**って

元旦の**旦**って
大団円の**団円**って
木で鼻を**くくる**って
顰《ひそ》みに倣《なら》うの**顰み**って

第2章　外来語に由来する言葉 067

スイートルームの**スイート**って
学ランの**ラン**って
フリーマーケットの**フリー**って
プラスアルファの**アルファ**って
サボるの**サボ**って
ハングルって
超ど級の**ど級**って
ハイジャックの**ハイ**って
コネ入社の**コネ**って
ハイカラ、バンカラの**カラ**って
セレブな人の**セレブ**って
セピア色の**セピア**って
合コンの**コン**って
グッドバイの**グッド**って
ペケ印の**ペケ**って

第3章　名前に関する言葉 079

私立探偵の**私立**って
あみだくじの**あみだ**って
源氏名の**源氏**って
国務長官の**国務**って
公認会計士の**公認**って
純喫茶の**純**って
大学イモ、大学ノートの**大学**って
段ボールの**ボール**って
単車の**単**って
ゲラ刷りの**ゲラ**って
ピーポくんの**ピーポ**って
カタカナの**カタ**って
ヤンママの**ヤン**って
学生時代の**学生**って
ビー玉の**ビー**って

ベーゴマの**ベー**って
しもた屋の**しもた**って
あずまやの**あずま**って
確信犯の**確信**って
鳶職の**鳶**って
カクテル光線の**カクテル**って
百葉箱の**百葉**って
演歌の**演**って
パンクロックの**パンク**って
帝王切開の**帝王**って
アタッシェケースの**アタッシェ**って
はとこの**はと**って
テキ屋の**テキ**って
ママチャリの**チャリ**って
地下足袋の**地下**って
おたく族の**おたく**って
タンクローリーの**ローリー**って
ちょんまげの**ちょん**って
左官屋の**左官**って

第4章　食に関する言葉 107
焼き鳥、焼き豚の**ハツ**って、**ガツ**って
シーザーサラダの**シーザー**って
西京味噌の**西京**って
高野豆腐の**高野**って
ポン酢の**ポン**って
竜田揚げの**竜田**って
チョコレートパフェの**パフェ**って
カフェラテの**ラテ**って
鴨なんばん、カレーなんばんの**なんばん**って
鉄火巻きの**鉄火**って
食パンの**食**って
サラダせんべいの**サラダ**って
柚子胡椒の**胡椒**って
せんろっぽんの**ろっぽん**って
コッペパンの**コッペ**って
バラ肉の**バラ**って

明太子の**明太**って
ねぎまの**ま**って
てっちりの**てっ**って
シベリア菓子の**シベリア**って
南高梅の**南高**って
ショートケーキの**ショート**って
久助せんべいの**久助**って
大正海老の**大正**って
カルボナーラの**カルボ**って
ちりめんじゃこの**ちりめん**って
冷や奴の**奴**って
かやくご飯の**かやく**って
まな板の**まな**って
タルタルソースの**タルタル**って
シュークリームの**シュー**って
パウンドケーキの**パウンド**って
バウムクーヘンの**バウム**って
オムレツの**オム**って
ごちそうの**ちそう**って

あべかわ餅の**あべかわ**って
ういろう菓子の**ういろう**って
ハヤシライスの**ハヤシ**って
きゃらぶきの**きゃら**って
番茶の**番**って
刺身のつまの**つま**って
べったら漬けの**べったら**って
ナスのしぎ焼きの**しぎ**って
バッテラ寿司の**バッテラ**って
たぬきそばの**たぬき**って
柳川鍋の**柳川**って
もんじゃ焼きの**もんじゃ**って
みたらし団子の**みたらし**って
フルーツポンチの**ポンチ**って
コンビーフの**コン**って
小倉あんの**小倉**って
今川焼の**今川**って
懐石料理の**懐石**って
いかもの食いの**いか**って

三平汁の**三平**って
しば漬けの**しば**って
田作りの**田**って
チキンナゲットの**ナゲット**って
レトルト食品の**レトルト**って
ソルティドッグの**ドッグ**って
割烹《かっぽう》着の**割烹**って

第5章　動物・植物・天候に関する言葉 157

ピーカン晴れの**ピーカン**って
扁桃腺の**扁桃**って
柴犬の**柴**って
犬の名前の**ポチ**って
どどめ色の**どどめ**って
九官鳥の**九官**って
小春日和の**小春**って
松ぼっくりの**ぼっくり**って
きゅうりの**き**って
アメンボの**アメ**って
ソメイヨシノの**ソメイ**って
ごり押しの**ごり**って
にべもないの**にべ**って
毛嫌いするの**毛**って
ねこばばの**ばば**って
ホースラディッシュの**ホース**って
サニーレタスの**サニー**って
ぺんぺん草の**ぺんぺん**って
ハツカネズミの**ハツカ**って
男爵いもの**男爵**って
ほうれん草の**ほうれん**って
小松菜の**小松**って
インドリンゴの**インド**って
温州みかんの**温州**って
シバエビの**シバ**って
関さば、関あじの**関**って
カモシカの**カモ**って
ハトムギの**ハト**って
ランゲルハンス島の**島**って

ピロリ菌の**ピロリ**って
ブロッケン現象の**ブロッケン**って
ニタリ貝の**ニタリ**って
オニヤンマの**ヤンマ**って
パッションフルーツの**パッション**って
マスクメロンの**マスク**って
アンデスメロンの**アンデス**って
タラバガニの**タラバ**、ズワイガニの**ズワイ**って
ハンドウイルカの**ハンドウ**って
フジツボの**フジ**って
あこう鯛の**あこう**って
舌平目の**舌**って
シロツメクサの**シロツメ**って
ドウダンツツジの**ドウダン**って
ハマナスの**ナス**って
アイガモの**アイ**って

第6章　芸能に関する言葉 191
幕の内弁当の**幕の内**って
助六寿司の**助六**って
色物って
どさ回り、どさくさの**どさ**って
どんでん返しの**どんでん**って
阿《あ》漕《こぎ》な仕打ちの**阿漕**って
さわりの部分の**さわり**って
めりはりの**めり**って
際物の**際**って
けれんみの**けれん**って
かん高いの**かん**って
正念場の**正念**って

第7章　スポーツに関する言葉 201
ソップ型の**ソップ**、あんこ型の**あんこ**って
ダンクシュートの**ダンク**って
ドッジボールの**ドッジ**って

ちゃんこ鍋の**ちゃんこ**って
パラリンピックの**パラ**って
しこ名の**しこ**って
ダービーマッチの**ダービー**って
ハーラーダービーの**ハーラー**って
バレーボールの**バレー**って
ブービー賞の**ブービー**って
サウスポーの**ポー**って
はっけよい残ったの**はっけよい**って
グレコローマンの**グレコ**って
グランドスラムの**スラム**って
フットサルの**サル**って

第8章　ギャンブルに関する言葉 217

ため口の**ため**って
連チャンの**チャン**って
テンパるの**テンパ**って
安全パイの**パイ**って

第9章　ファッションに関する言葉 221

カッターシャツの**カッター**って
ワイシャツの**ワイ**って
スカジャンの**スカ**って
ジャージ服の**ジャージ**って
チノパンの**チノ**って
ピーコートの**ピー**って
トレンチコートの**トレンチ**って
ネルシャツの**ネル**って
衣紋掛けの**衣紋**って
ケリーバッグの**ケリー**って
サブリナパンツ、サブリナシューズの**サブリナ**って
ビキニ水着の**ビキニ**って
タンクトップの**タンク**って
カーキ色の**カーキ**って
ギンガムチェックの**ギンガム**って
セシルカットの**セシル**って

ペイズリー柄の**ペイズリー**って
ヘリンボーンの**ヘリン**って
アイビールックの**アイビー**って
一張羅の**羅**って
縞模様の**縞**って
レジメンタル模様の**レジメンタル**って

第10章　文学・歴史・地理に関する言葉 239

ムック本の**ムック**って
ロリコンの**ロリ**って
ハードボイルド小説の**ハードボイルド**って
ルビをふるの**ルビ**って
ゾッキ本の**ゾッキ**って
オムニバスの**バス**って
ゴシック体の**ゴシック**って
上方の**上**って
おとぎ話の**おとぎ**って
下町の**下**って
敵のアジトの**アジト**って
弥生時代の**弥生**って
判官びいきの**判官**って
天王山の戦いの**天王山**って
金字塔を打ち建てるの**金字塔**って
白系ロシアの**白系**って
江戸前寿司の**江戸前**って
銀ブラの**ブラ**って
ロマンチック街道の**ロマンチック**って
豪州の**豪**って
太平洋の**太平**って
一口坂の**一口**って
関の山の**関**って、**山**って
湘南地方の**湘**って
パキスタン、アフガニスタンの**スタン**って
中国地方の**中国**って
二重橋の**二重**って
赤坂見附の**見附**って
越前・越後の**前**・**後**って

第11章　人名に由来する言葉　263
ヘボン式ローマ字の**ヘボン**って
松花堂弁当の**松花堂**って
市松模様、市松人形の**市松**って
ＳＭの**Ｍ**って
きんぴらごぼうの**きんぴら**って
備長炭の**備長**って
行平鍋の**行平**って
テディベアの**テディ**って
セ氏の**セ**って
せっしゅうするの**せっしゅう**って
プラトニックラブの**プラトニック**って
参考文献

バラ肉の**バラ**って何？

誰かに教えたくてたまらなくなる〝あの言葉〟の本当の意味

第1章

日常の言葉

ひとりぼっちのぼっちって確かにひとりじゃ寂しい

周りに誰もいない孤独の状態を「ひとりぼっち」と言うが、この「ぼっち」とは何であるか？

辞書を引くと、漢字で「独り法師」と書くとある。この「独り法師」とは、仏教の世界で、宗派や教団に属さない僧侶を指す言葉として使われている。この「独《ひと》り法《ほう》師《し》」が訛《なま》って、「ひとりぼっち」となったのである。

また、「法師」には「男の子」という意味もあり、「ひとりぼっち」は男の子が一人で寂しくいる様子を表現しているとも言われている。意味としては、こちらが正解だろう。

おじゃんになるのおじゃんって語源は江戸時代の消火方法から

物事がダメになることをおじゃんと言うが、これは江戸時代から使われている言葉だ。

江戸時代、火事が発生すると、火の見やぐらの上に据えられた半鐘を鳴らして知らせた。火事が遠い時は「ジャーン、ジャーン、ジャッ」と二つ半鳴らし、近い時には「ジャン、ジャン、ジャン、……」と連打した（これを擂《す》り半と言う）。そして、鎮火した時には「ジャン、ジャン」と二度鳴らして知らせた。つまり、半鐘が「ジャン、ジャン」と鳴ると火事が収まったという合図だったわけである。

当時は、水をかけて火を消すのではなく、延焼を防ぐために周りの家を壊してしまう方法が取られていた。つまり、家を壊された人にとっては、火事が収まるということは、すべてなくなることを意味していた。そこから、「じゃん」という音が、物事が終わることを表すようになり、さらには「おじゃんになる」という言葉が生まれたと考えられている。

はめをはずすの**はめ**って　これをはずすと暴れ出す

「はめをはずす」とは「調子に乗って、度を過ごす」（新明解国語辞典）という意味であり、この「はめ」は通常、漢字では「羽目」と書く。さらに「羽目」の意味は、「板を並べて張った壁」などとある。この意味でも「はめをはずす」という言葉は成立するが、この場合は「羽目板の羽目」ではない。

競馬好きな人なら知っていると思うが、馬の口にくわえさせる道具を「はみ」と言い、これで馬をコントロールする。つまり、この「はみ」がはずれると、馬は暴れ出してしまうのである。このはみがはずれるから転じて「はめをはずす」という言葉ができたと考えられている。つまり、「はめ」は「はみ」というわけである。

どんちゃん騒ぎの**どんちゃん**って
三味線や太鼓の大騒ぎ

大騒ぎのことを「どんちゃん騒ぎ」と言う。この「どんちゃん」とは、鉦・太鼓・三味線など楽器の音のことである。歌舞伎などの芝居では、合戦などの騒ぎの場面になると、太鼓・三味線などの楽器を鳴らし、騒がしさを表現した。そこから、歌ったり踊ったりする騒ぎのことを「どんちゃん騒ぎ」と言うようになり、その後、単に大騒ぎのことも言うようになったのである。

ゆびきりゲンマンの**ゲンマン**って
本当の意味を知ったら気軽にできなくなる

ゆびきりをする時には「ゆびきりげんまん、嘘ついたら針千本呑ます」というおまじないを言うことになっている。後半部分はそのまま「嘘をついたら針を千本呑ます」という意味だが、前半の「げんまん」とは何か？

「げんまん」を漢字では「拳万」と書く。これは、「拳で一万回殴る」と言う意味である。つまり、約束を破ると「一万回殴られ、針を千本も呑まされてしまう」のだ。

もともとゆびきりは、遊女が惚れた男に自分の思いを伝えるために、小指の先を切り落としたことがはじまりと言われている。ゆびきりをすることに重要な意味があることが、このおまじないに込められている。

もっけの幸いのもっけって
出会いたいような、会いたくないような

予想もしなかった良いことが起こった時などに、「もっけの幸い」と言う。「もっけ」は、この「もっけの幸い」という形でしか使われない言葉だ。

「もっけ」は、漢字で「物怪（または勿怪）」と書く。「物怪」とは、もののけ、つまりおばけのことである。おばけはいつ現れるかわからないので、予想もしなかったことが起きた時、しかもそれが良いことの場合に「もっけの幸い」という言葉が生まれ

たのだ。

バッタ屋、バッタもんの**バッタ**って 草っぱらのバッタかバッタリと倒れるからか

バッタ屋を辞書で引くと、だいたい「正規の流通経路を通さずに仕入れた品を安値で売る商人」（大辞林）のように書いてある。しかし、なぜバッタ屋と言うのかは書いてない。このことでもわかるようにバッタ屋の由来ははっきりせず、語源としてはいくつかの説が存在する。

最も有力なのが、倒産したメーカーや商店から安値で仕入れることから、倒産をバッタリと倒れると捉え、バッタリからバッタとなり、その品物をバッタもの、扱う人間や店をバッタ屋と言うようになったという説だ。

もう一つは、通常バッタ屋が固定の店を持たず路上などで営業することから、いつどこに出てくるのかわからない様を草っぱらのバッタに似ていると捉え、そこからバッタ屋と呼ぶようになったという説である。語源辞典の類いでは前者が書かれていることが多いが、後者も捨てがたい。

験が良いの験って
これも言葉を反対にする言葉の一つ

「験なおし」とか「験が良い」という言葉に使われる「験」は、辞書では、「前途の吉兆を暗示する出来事。縁起。前兆」（大辞林）とある。ここに書かれている縁起が、「験」の由来となったと考えられている。つまり、「縁起」を反対に読んだ「ぎえん」が次第に変化して「げん」になったというのである。

さらに「験」にはもう一つ、「仏道・修験道などの修行を積んだ効果。修行や祈りの結果あらわれるふしぎなしるし」（大辞林）という意味もあり、これが「験」の由来とも考えられている。

コケにするのコケって
漢字で書けばわかりやすい

人を馬鹿にすることを意味する言葉に、「こけにする」がある。この「こけ」は漢字では「虚仮」と書く。虚は、「むなしい」とか「嘘いつわり」を意味し、仮は「実がないこと」を意味する。つまり、この二つを合わせると「嘘であり実がない」ということになる。そこから虚仮は「思慮・分別が浅いこと、愚かなこと。またはそのような人」という意味を持っている。また、仏教では「虚仮」は「心の中は正しくないのに外見のみをとりつくろうこと」を意味する。

どちらにしても、言い換えれば、「人を虚仮にする」とは、その人を「中身のない人間＝バカ扱いにする」ということである。

むしずが走るの**むしず**って胸がムカムカすると同じこと

非常に不快な気持ちを表す言葉に「むしずが走る」がある。「むしず」とは、胃から出てくる酸っぱい液のことだ。つまり、胃の調子が悪く、胃液が逆流してくる状態を言っている。そこから、不快な気持ちを表す時に使われるようになったのである。

むしずは漢字では、「虫酸（唾）」と書く。この虫は、「腹の虫」と同じ使い方であり、体の中にいて、人の気持ちや感情に良くない影響を与える得体の知れぬものを表している。

へのかっぱって河童はなんの関係もない

物事が容易なことを意味する言葉に「へのかっぱ」がある。漢字で「屁の河童」と書き、そのまま河童の屁はなんの役にも立たないことから来ているという説もある。しかし、より確実と言われているのが、「木っ端の火」から来ているという説だ。木っ端とは、木の削りくずのことであり、これに火がつくと簡単に燃えつきてしまうことから、容易なことのたとえとして使われた。そして音が近い「河童の屁」となり、順序をひっくり返す言葉遊びから「へのかっぱ」となった、というのが有力な説である。

四六時中の四六時って明治以前は違う数字だった

「いつも」とか「しょっちゅう」などの意味を持つ言葉に「四六時中」がある。なぜ「四六時中」が「いつも」という意味なのかと言えば、四六時が一日を意味するからである。四六とは、九九の一つであり、その答えは二十四だ。つまり四六時中とは24

時間中であり、言い換えれば一日中ということになる。

ここで一つ疑問が浮かぶ。日本が一日を24時間とする太陽暦を導入したのは、明治に入ってからである。ということは、この言葉も明治以後にできた言葉なのか？

実は明治以前にも同じ意味の言葉はあった。それは「二六時中」。当時は、一日は十二刻とされていたので、一日中が二六時中だった。この言葉が明治になって、意味は同じで数を修正して使われたというわけで、珍しい例と言えるだろう。

どんぶり勘定のどんぶりって瀬戸物ではないどんぶり

商人などが金の出し入れをする時に、大雑把に計算することを「どんぶり勘定」と言う。

普通、「どんぶり」と言えば、うどんや飯ものを入れる食器のことと考え、このどんぶりに入れている金を出し入れしている図が想像できる。しかし、この場合のどんぶりは、食器のどんぶりではない。

この「どんぶり」は、職人が着用する腹掛けの前や横に付けられた袋のことで、金や道具類を収めるためのものだ。大工が釘を入れている袋と言えば、わかりやすいだろう。このどんぶりの中をよく確かめずに無計画にものを買う様を「どんぶり勘定」と言ったのである。

灯台下暗しの灯台って ことわざは有名なのに、灯台はよくわからない

身近にあることこそわかりにくいという意味のことわざに、「灯台下暗し」がある。この灯台のことを、大半の人は、海辺にあって航海中の船舶に陸地の位置を知らせる灯台のことと思っているだろう。確かに、遠くの海は明るくするのに、灯台の足元には照明は届かない。それに、現在、灯台と言えばこの灯台のことであり、そう思っても致し方ない。しかし、「灯台下暗し」の灯台は、海にある灯台ではない。

電気による照明が普及する以前、室内の灯りは、台の上に油皿を置き、そこに立てた灯心に火をともしていた。この照明器具の名前が灯台であり、ことわざ「灯台下暗し」の場合もこの器具のことである。そのもとになったものがなくなってしまっても、今でも使われていることわざの代表的な一つだ。

とどのつまりの**とど**って
とどは、トドか？

「とどのつまり」とは、結局のところ、という意味で使われる言葉であり、今でも普通に使われている。「とど」と聞いて、頭に浮かぶのは、大型の海獣の「トド」だと思うが、この場合は、海獣ではない。

「とどのつまり」のトドは、魚のボラの別名である。ボラは成長の段階で名前が変わる、いわゆる出世魚。具体的には、約3㎝の頃はハク、10㎝前後でオボコまたはスバシリ、生まれて1年が経ち、約25㎝になるとイナ、2〜3年で30〜50㎝の成魚になるとボラ、そして生後5年の老魚になるとトドと呼ばれる。最後にはトドになることから、この「とどのつまり」という言葉が生まれたのだ。

えこひいきの**えこ**って
漢字で書けば依怙、この二つには同じ意味がある

えこひいきを漢字では依怙贔屓と書く。依怙の依は依存の依であり、「頼りにする、寄りかかる」という意味がある。対して怙はあまり使われない字だが、これにも

「頼る、頼み」という意味がある。この二つの漢字が集まった依怙の意味ももともとは「頼りにする」という意味だった。その後、「人に力を貸す」という意味も加わった。そして、特に力を貸してひいきにすることを依怙贔屓と言うようになったのである。

かきいれ時の**かき**って
元は昔の商人の風習

かきいれ時とは、商売が忙しくてお金がたくさん入ってくる時のことを言う言葉だ。お金がたくさん入ってくると言うと、神社・寺院でお賽銭を大きな熊手のようなもので掻き集めている映像が浮かぶ。そこから、かきいれ時を「掻き入れ時」と考える人は多いようで、辞書の中には「掻き入れ時は誤用」と書いているものもある。「かきいれ時」とはどんな時であるか？　これを漢字で書くと「書き入れ時」となる。では、何を書くのか？　これは昔の帳簿である「大福帳」に売り上げを書いたのである。つまり、儲かって書き込むことがたくさんある状態を「書き入れ時」と表現したのだ。

折り紙付きの**折り紙**って鶴や飛行機は無関係です

人やものがしっかりしていて確かなことを表すのに、「折り紙付き」という言葉がある。折り紙と聞けば、紙を折って鶴などを作ることを思い出すが、この場合は違う。この折り紙の語源は、平安時代にまでさかのぼる。当時、公式文書のことを指す言葉で、紙を半分に折っていたことから「折り紙」と言われた。それが江戸時代になると、刀剣の鑑定書や贈り物の目録などにも付けられるようになり、そこから、質の高いものを「折り紙付き」と言うようになったのである。

お茶目の**茶目**って茶目は当て字で意味はない

無邪気で子どもっぽいいたずらをすることや、それをする人をお茶目と言う。あるいは、お茶目な性格を持っていることを「茶目っ気がある」と言う。この「茶目」とは、「茶色い目」に関係するのだろうか？　確かに「茶目」と書くが、これは当て字であり、茶色とも目とも関係はない。

歌舞伎や浄瑠璃の世界に滑稽な演技や演出を指す言葉「ちゃり」がある。ちなみに漢字では「茶利」と書く。滑稽な場面を「ちゃり場」と言い、面白い感じの敵役を「ちゃり敵」と言う。「茶目」はこの「ちゃり」に娘がついた「ちゃりめ」が変化してできたと考えられている。つまり、「ちゃめ」は、もとは滑稽で面白い娘を表す「ちゃりめ」だったのだ。

土壇場の土壇って
確かに人生最後の場所に違いない

物事の最後の最後の場面を「土壇場」と言い、今でもよく使われるが、これもよくわからない言葉だ。

江戸時代の死刑である斬首をする時に、穴を掘り、その前に土を盛ってそこに罪人を座らせる。首を斬られると首と胴体は穴に落ちる。この盛った土のことを土壇あるいは土壇場と言う。罪人にとって、ここに座らされたら文字どおり最後であり、ここから物事の最後を土壇場と言うようになったのだ。

ケチを付けるのケチって「金に細かい」という意味のケチではない

人のおこないに悪口を言うことを「ケチを付ける」と言う。あるいは、縁起の悪いことが起きることを「ケチが付く」と言う。ケチという言葉は、普通、「金に汚いこと、しみったれていること」を意味するが、「ケチを付ける、ケチが付く」の場合はどうか？

この場合のケチは、古い言葉である「怪事《けじ》」が訛ったものと考えられている。「怪事」とは、「おかしなこと」とか「けしからぬこと」という意味があり、そこから「縁起の悪いこと、不吉な前兆」という意味が生まれたのだ。

Hするの**H**って元は女学生の隠語だった

最近では「Hする」と動詞形で使われ、「セックスする」ことを意味するが、かつては「あの人H」とか、「Hな雑誌」のように名詞・形容動詞形で使われ、意味は「スケベ」とか「いやらしい」というものだった。この「H」は子どもから大人まで誰もが使っている言葉だが、「Ｈ」のもともとの意味を知っている人は少ないのではないか？

「スケベ」や「いやらしい」を意味する「Ｈ」は、意外と古くから使われている。もともとは、明治時代の女学生が「変態」を意味する言葉として、その頭文字である「Ｈ」を使いだしたと言われている。そして、昭和20年代後半に、女子高生が使いだし、さらに、１９５５年（昭和30年）に発表された舟橋聖一の小説『白い魔魚』の中でスケベを意味する言葉として「Ｈ」が使われたことで、一般的に広まったと言われている。さまざまな異説があるものの、この「変態説」が主流であり、小説『白い魔魚』により広まったというのは間違いない。

ちなみに、「Ｈする」と最初に動詞形で使いだしたのは、明石家さんま説と島田紳助説がある。

ほくそ笑むのほくそって
中国の故事が由来

「一人悦に入って笑う」ことや「控えめに笑う」ことを「ほくそ笑む」と言い、今でもごく普通に使われている。

この言葉も漢字で書くと意味を知るヒントが得られる。「ほくそ笑む」は、漢字では「北叟笑む」となる。「叟《そう》」には「年寄り。おきな」(大辞泉)という意味があり、したがって「北叟」とは「北のお爺さん」ということになる。

では、「北のお爺さんの笑い」とは? これは、北の国境の砦に住む老人が笑う時は常に静かに笑ったという中国の故事に由来する。そこから「ほくそう笑む」という言葉が生まれ、それが略されて「ほくそ笑む」となった。この「北叟」説で確定されているわけではないが、異説もないので、これが正しいものと考えられている。

やんちゃな子のやんちゃって さまざまな説があり、オランダ語語源説も

最近ではお笑い芸人たちが、不良行為なども「やんちゃ」という言葉で使っているが、本来の意味は、「子どもがだだをこねたり、わがままを言うこと」というものだ。この「やんちゃ」の語源にはいくつかの説がある。その一つが、子どもがだだをこねる時に言う「嫌じゃ、嫌じゃ」が訛ったというもので、これが最も有力と考えられている。また、辞書の中には「やにちゃ」説を採るものもある(新明解国語辞典など)。「やにちゃ」とは、「脂」がネバネバして扱いにくいことから、「だだをこねる子

ども」を「脂」に例えたもので、「茶」には特に意味はない。

オランダ語語源説もある。オランダ語に「Jantje《ヤンチェ》」という言葉があり、「小さなヤン」という意味だ（ヤンはオランダでよくある男性の名前）。江戸時代、長崎の出島でオランダ人が、元気な男の子に対して、「ヤンチェ」と呼びかけたのを聞いた日本人が、だだをこねる子に対して「ヤンチェ」を使い、それが訛って「やんちゃ」になったというのである。あまり一般的ではない説だが、オランダ語に詳しい人の間では、これが正しいと信じている人が多いようだ。

おべっかを使うのおべっかって語源がはっきりしない言葉の一つ

人に対してお世辞を言うことと同じ意味の言葉に「おべっかを使う」というのがある。この「おべっか」もその語源がはっきりしていない言葉だ。語源説の中の一つが「弁口《べんこう》」から来ているというもの。「弁口」とは、「口の利き方がうまい」とか「口先でうまいことを言う」といった意味がある。これに皮肉を込めて、丁寧語である「御」を付けて、「御弁口」と言うようになり、これが訛って、「おべっか」となったというわけである。ほかにもいくつか説があるが、いずれも信憑性が低いので、この

「弁口」説が有力と考えられている。

やまをはるのやまって山勘からできた言葉、その山勘とは？

確信はないものの、あることに賭けることを「やまをはる」とか「やまをかける」などと言う。例えば、試験問題に出そうなところを予想したり、ギャンブルである目に賭けたりする時に使われる。似たような言葉に「やまかん」という言葉がある。実は、この「やまかん」が元でそこから、「やまをはる」「やまをかける」という言葉が生まれたのだ。

では「やまかん」とは何か？　漢字では「山勘」と書く。この「山勘」には二つの説がある。一つは、「山師の勘」というもの。山師とは鉱山の発見を仕事とする人のことで、どこに鉱山があるかは勘を頼りにしていることから、この言葉が生まれたという説だ。

これとは別に、武田信玄の軍師である山本勘助から来ているという説もある。山本勘助が非常に計略にたけていることから生まれたというのだが、これはあとから付け加えられたと考えられる。辞書も「山師の勘」説を採っているものが多い。つまり、

「やまをはる」の「やま」は「山師」の「山」ということになる。

肩書の肩って何かの肩にあるから付いた名称、その何かとは？

その人の身分や職業を表す言葉に「肩書」というのがある。この言葉は、名刺から来ていると考えられている。普通、縦書きの名刺には真ん中に名前が、その右上に職業や地位（つまり肩書）が書いてある。この名前の右上という位置が、名前の肩にあるように見え、そこに書かれているものなので、「肩書」という言葉が生まれたのだ。つまり、「肩書」の肩は、名刺の肩ということである。

面白いの面って面が白いとはどういうこと？

「面白い」は普通に使われている言葉であり、その意味や用法に疑問を感じることはあまりないだろう。しかし、「面白」とはどういうことか？「面」とは「つら」とも読むように、言うまでもなく「顔」のことである。「顔」が白いとはどういうことか、そして「顔が白い」ことがなぜ「おもしろい」ことになるのか？

「顔が白い」というのは、何か嫌なこと悪いことがあって曇っていた顔色が、良いこと、うれしいことがあって晴れるということである。つまり、おもしろいことがあったので、「顔色が白く＝良く」なるということであり、そこから「面白い」という言葉が生まれたのだ。

もったいないのもったいって実はよくわかっていない、その意味

「もったいない」の「もったい」については、よくわかっていない。辞書にも二つの意味が載っている。

一つの意味は、「重々しいさま。物々しいさま」（広辞苑）というもの。この場合の「ない」は形容詞に付く接尾語である（せつない、せわしない、などと同じ）。「物々しい、重々しい」ということは「重要なこと」であるということであり、そこから現在使われている「もったいない」という意味が生まれたという考えである。

もう一つの意味が、「実質はさほどでないのに、ちょっと見には内容のあるものを秘めているかのように見せかけること」（新明解国語辞典）というもの。これを簡単に言えば「実はたいしたことはない」ということだ。この場合の「ない」は否定の

「ない」であり、「もったいない」は「たいしたことはなくはない」ということになる。つまり、「大事なこと」であるということだ。

どちらの意味にせよ、「もったいない」とは「大事なこと、重要なこと」ということである。

だらしないのだらしって
これは「逆さ言葉」の一つ

ちゃんとしていない様子を「だらしない」と言う。「だらし」は「しだら」をひっくり返したものだと言われている。現在でも言葉をひっくり返す遊びを芸能人などがしているが、この遊びは江戸時代でも盛んにおこなわれていた。この「しだら」↓「だらし」もその一つである。「しだら」とは、「良くないおこない、好ましくないなりゆき」という意味であり、つまり「だらしない」と同じ意味である。この「しだら」は「自堕落」が転訛したものと言われている。

おくびにも出さないのおくびって
おくびはあくびに似ているもの

自分の知っている物事を、決して口に出さず、表情にも見せないことを「おくびにも出さない」と言う。「口に出さない」ということから、「口」に関係するものと類推することができる。口から出るものと言えば何か？　それは「胃にたまったガスが口から外に出るもの」（大辞泉）だ。「口から出るガス」とは、つまり「ゲップ」のこと。「ゲップ」は自分の意思には関係なく出てしまうものであり、そうしたものでもコントロールして絶対出さないということから、この言葉が生まれたのである。

綺羅星のごとくの綺羅って
「綺羅星」という言葉は、本当は間違い？

優れた人が大勢いることを「綺羅星《きらほし》のごとく」と言う。星の前に付いていることに加えて、「キラキラ星」という歌もあることから、この「綺羅」を「星がきらきらしている」のキラだと思われがちだが、これは間違い。

「綺羅」の「綺」は「綾織りの絹織物」、「羅」は「薄織りの絹織物」を意味し、二つ合わせた「綺羅」は「美しい衣服」のことであり、そこから「美しい」ものを意味する。つまり、この言葉は「美しいものが、星みたいにたくさんある」という状態を言っているのであり、「星がキラキラしている」とは言っていないのだ。

最近では「綺羅星」という言葉を載せている辞書も多いのだが、厳密に言えば、これは間違いなのである。

万引きの万って「万」は当て字、元の字は？

商店の店頭から商品を盗むことを「万引き」と言う。不況が続く現在では、子どもから中高年まで「万引き」をする人が増え、社会問題とまでなっている。利益率の低い書店などでは、被害の大きさのために閉店に追い込まれるところも少なくないという。

「万引き」は、もともと「間引き」であった。「まびき」に「ん」が入り、「まんびき」と言うようになったので、「万」の字が当てられたと考えられている。「間引き」とは、「間」に「盗む」ことだ。この「間」については、商品を「間引く」からだという説と、「(人のいない)隙間を見て盗む」ことだという説がある。いずれにせよ、

「万引き」の「万」は、元は「間」であるということは確かである。

せつないの**せつ**って胸に迫る思いのこと

まず、「せつない」の「ない」は否定の「ない」ではなく、「せつなし」が変化したものだ。「せつ」は「切」であり、「切迫」という熟語があるように「差し迫る」という意味がある。つまり「胸が差し迫るような気持ち」ということで「せつなし」という言葉が生まれたのだ。

チャキチャキの江戸っ子の**チャキチャキ**って親子代々を意味する言葉が訛ったもの

江戸っ子を表現するのに「チャキチャキの江戸っ子」という言葉がある。この「チャキチャキ」は「嫡々」が訛ったものと考えられている。「嫡」は「嫡男」とか「嫡子」という言葉でもわかるように、「本妻が産んだ子」という意味があり、そこから「正統な」「本流の」という意味もある。つまり、「チャキチャキの江戸っ子」とは、「正統な江戸っ子」→「親子代々の江戸っ子」であることを表現しているのである。

まどろっこしいの**まどろっこ**って正しくは「まだるっこしい」

物事が手間取ってじれったいことを「まどろっこしい」と言い、日常よく使われる言葉だ。しかし、これは口語的表現であり、正しくは「まだるっこしい」と言う。「まだるっこしい」は「まだるこい」を強調した言い方であり、「まだるこい」は「まだるい」の変化したものだ。この「まだるい」を漢字で書くと「間怠い」となる。つまり「間」が「だるい」ということであり、「物事が手間取ってじれったい」ということになる。

みっともないの**みっとも**って意味は「見苦しい」ということ

みっともないの「ない」は否定の「ない」だ。「みっとも」は「みっと」＋「も」ではなく、「みっとも」で一つの形である。では、「みっとも」とは何か？「みっともない」の意味は、「見苦しい」ということだ。「見苦しい」ものは「見たくもなし」。この「見たくもなし」が転訛して「みっともない」となったのである。

べらんめえ言葉のべらんめえって
あまり良い意味ではない

江戸弁のことを「べらんめえ言葉」と言う。これは、江戸っ子が相手に切る「この野郎、べらんめえ」という啖呵から来ているのだが、この「べらんめえ」は「べらぼう」がもとになっている。「べらぼう」とは、「あまりにひどい様」を意味する言葉で「馬鹿」と同義だ。この「べらぼう」に接尾語の「め」が付いて「べらぼうめ」となり、さらに「べらんめえ」に転訛したのだ。

しあさってのしって
しあさっては今日から何日め？

今日の次の日が明日、明日の次の日が明後日《あさって》というのは誰でも知っている言葉だが、その次の日はなんと言うか？　明後日の次の日は「明々後日」であり、読みは「しあさって」だ（地方によって微妙に違うが）。もちろん、この「しあさって」という言い方を知っている人も少なくないだろう。では、この「し」は何のことか知っているか？　実はこの「し」の意味は簡単。今日を一日めと考えると、明々後日は四日めになる（数え方の違う地方もある）。この四が「し」の正体だ。

大盤振る舞いの**大盤**って大きな盤にごちそうが載っている、わけではない

豪勢にごちそうすることを「大盤振る舞い」と言う。「振る舞い」はもてなすことだが、「大盤」とは何か？　大きな盤にいっぱいの料理が載っている図を想像できるが、厳密に言えば、「大盤」は間違いである。もともとは「椀飯振る舞い」と言った。「椀飯」とは文字どおり「椀に盛った飯」のことである。平安時代、公家の儀式などの際に、出席者に「椀に盛った飯」が振る舞われたのだが、それが近世になり、庶民の間でもおこなわれるようになった。「椀飯」は「わんばん」と読むのだが、「わうばん」→「おうばん」と変化し、それに合った漢字が当てられ「大盤」と書かれるようになったのだ。

一生懸命の**一生**って命を懸けて一生を守るとは、何か変？

一生懸命とはどういう意味か？　「懸命」とは「命を懸ける」ということであり、

「精一杯、全力で」という意味を持つ。であるなら、「一生懸命」は「命懸けで一生を守る」という、何やら訳のわからないことになってしまう。

実は、「一生懸命」は「一所懸命」の誤用が広まったものだ。中世の武士世界では、先祖から伝わった領地は「命を懸けても守る」ものであった。このことを表現したのが「一所懸命」という言葉なのである。しかし、戦国の世も終わった近世になると、「命懸けで領地を守る」必要もなくなり、この言葉も音が似ている「一生懸命」と誤って広がり、今日に至っている。

こまっしゃくれたの**こまっしゃくれ**って「しゃくれ」はかなり古い言葉だ

生意気な子どもを形容する言葉に「こまっしゃくれた」がある。「こま」は「こまごまとした」と同じで「小さい」ことを意味し、この場合は子どものことを指している。「しゃくれ」は「さくれる」が転訛したもので、もともとは「さくじる」だ。つまり、「さくじる」→「さくれる」→「しゃくれる」となったと考えられている。「さくじる」は『枕草子』や『源氏物語』にも出てくるように、平安時代から使われている言葉で、意味は、「利口ぶって生意気にふるまうこと」だ。これに「こま」がついて「生意気な子ども」を形容する言葉となったのだ。

へんてこのてこって道具の「てこ」は無関係？

へんてこを漢字で書くと、「変梃」となる。「梃」とは「てこの原理」の「てこ」である。確かに、てこが変では、物事がおかしくなるのも道理だ。しかし、「変梃」は当て字であり、道具のてこは、この言葉とは関係がない。

へんてこと同じ意味の言葉に、「へんちくりん」あるいは「へんちくりん」というのがある。この「ちく」が転訛して、「てこ」になったと考えられている。では、この「ちく」は何かというと、「的」なのである。「変的」と書けば、「変なこと」を意味していることは確かだ。つまり、「的」が「ちく」に転訛し、さらに「てこ」に転訛したというわけである。

とんずらするのとんずらって同じ意味が重なり、より強力に

悪事を犯した人間が、逃走することを「とんずらする」と言う。この「とんずら」

は二つの言葉を合わせた合成語だ。前半は「遁走」の「とん」であり、後半は「ずらかる」の「ずら」だ。「遁走」も「ずらかる」もどちらも逃げることであり、これを合わせた「とんずら」はかなり強い意味を持ち、ただ逃げるということではなく、悪事をした人間が逃走することを意味するようになったのである。

ビビるのビビって意外にもかなり古い言葉だ

「びびる」については、本によってはもともと関西弁で次第に全国に広まったとか、若者言葉などと書いてある。「びびる」という響きから、なんとなく新しい言葉や若者言葉のようなイメージが確かにある。

しかし「びびる」は、実はかなり古い言葉であり、平安時代にはすでに使われていたとも言われている。「広辞苑」ではこの用例として、『柳樽』に載っている川柳「あいさつに男のびびる娵《よめ》の礼」を紹介している。『柳樽』は『誹風柳多留』の略称で、江戸中期から幕末にかけて編纂された書物だ。つまり、少なくとも江戸時代には「びびる」は使われていたのだ。語源としては、動物が動く時の音を表す擬音語に「ひひ」があり、これを動詞形にしたのが「ひひる」で、それが転訛して「びびる」になったという。この動物が動いた音を敵が攻めてきたと勘違いして驚いたことから、「びびる」が「しりごみする」という意味になったと言われている。

お鉢が回ってくるのお鉢って回ってくるのが待ち遠しいもの

何かの順番が回ってくることを「お鉢が回ってくる」と言う。「お鉢」は現在では死語になりつつあるが、「飯びつ」のていねいな言い方である。現在では、ご飯は飯茶碗に盛られて出てくることが多いが、昔は自分でお鉢から茶碗に盛る場合があった。大勢で食事をする時、なかなか「飯びつ＝お鉢」がやって来ず、ようやくやって来ることを「お鉢が回ってきた」と言った。そこから、順番が回ってくることを表現するようになったのだ。

ひとしおのしおって塩ではないしおとは

「ひとしお」は、「いっそう」「ひときわ」と同じ意味で使われる。特に「喜びもひとしお」「懐かしさもひとしお」など、良いことに使われることが多い。

「しお」と言えば「塩」だ。確かに「一塩」という言葉もある。野菜などの食材に塩を少し振ることであり、これは意味が違う。「喜びもひとしお」の場合は、「一入」と書く。「入《しお》」は、「物を染め汁にひたす度数を数える語」（広辞苑）だ。つまり、「一入」は布地を染料の入った瓶に一回入れることを意味している。この「一入」を繰り返すたびに、染め具合が良くなることから、「いっそう」「ひときわ」の意味が生まれたのだ。

ぶっきらぼうの**ぶっきら**って確かにそれは愛想がない

愛想のないことを「ぶっきらぼう」と言う。この「ぶっきらぼう」は、「打《ぶ》ち切り棒」が変化したものだと言われている。「打ち切り棒」とは木の枝をただ切っただけで整えていない棒のことで、質素で地味なものだ。そこから、愛想のないことを表す言葉として使われるようになったのだ。つまり、「ぶっきら」は「ぶちきり」ということになる。

度し難いの度って
深い意味のある仏教用語

「どうしようもない」や「救いようもない」と同じ言葉に「度し難い」がある。この言葉は「済度《さいど》し難い」を省略したものだ。「済度」とは仏教の言葉で、「迷っている人を仏が救い、悟りの境地に導く」という意味がある。これを「し難い」ということは、「救い難い」というわけである。

とちるのとちって
別に失敗しているわけではないが……

失敗すること、特に俳優やアナウンサーが台詞《せりふ》を間違えることを「とちる」と言う。この「とち」は、「栃麵棒」から来ている。「栃麵棒」とは「栃麵（トチノキの実を混ぜて作った麵）」を作る時に使う棒、つまり麵棒のことだ。「栃麵」を作るには麵棒をかなり速く動かす必要があり、傍《はた》からは何か慌てているように見える。そこから慌てることを「栃麵棒」と言うようになり、それが省略されたうえに動詞化し「とちる」となったのである。

しっぺ返しのしっぺって罰ゲームのしっぺと同じ語源だ

「しっぺ返し」は、人の仕打ちに即座に仕返しをすること。「しっぺ」で思い浮かべるのが、人差し指と中指を揃えて相手の手に打ち付けることだろう。誰でも子どもの頃に罰ゲームとしてやったことがあるはずだ。「しっぺ返し」の「しっぺ」はこれと同じものだが、ただ「しっぺ」を返されるというわけではない。「しっぺ」は正しくは「しっぺい」と言い、「竹篦」と書く。禅宗で座禅を組む時、雑念や眠気を払うために竹の棒で叩くが、この棒が「竹篦」だ。座禅を組む人と「竹篦」を叩く人は交代でおこなうため、さっき「竹篦」で打った人がすぐに返されることから、「竹篦返し」という言葉が生まれ、「竹篦」が「しっぺ」と短くなり、今に伝わっているのである。

糊口をしのぐの糊口って口にする糊とは何？

食うや食わずの貧しい暮らしを表現する言葉に「糊口をしのぐ」がある。「糊口」

の「糊」は「のり」である。昔ののりは、ご飯を茹でて柔らかくして作った。そこから、「糊」は「お粥」の別名でもある。つまり、「糊口」とは「お粥を口にする」ということであり、「糊口をしのぐ」とは、「お粥を食べるしかない貧しい暮らしに耐える」という意味なのである。

海千山千の**千**って
確かにそれは恐ろしい存在だ

物事の裏も表も知り尽くした、したたかな人物を「海千山千」と言う。これは、「海に千年、山に千年住んだ蛇は竜になる」という中国の故事から来ている。つまり、長く生きて、さまざまな場所でさまざまなことを経験した人物のたとえとして、この「海千山千」という言葉が使われている。要するに「海千山千」の「千」は千年という意味なのである。

辻褄が合うの**辻褄**って
辻も褄もぴったり合わないといけないもの

「辻褄」は、今では理屈とか、理論という意味で使われているが、もともとは違う意味があった。「辻」も「褄」もともに和裁の用語だ。「辻」は縦と横の縫い目が合わさるところのことであり、「褄」は着物の裾の左右両端のこと。「辻」も「褄」もきっちりと合っていなくてはいけない部分だ。そこから、理屈が合うことを「辻褄が合う」と言うようになったのだ。

くだを巻くのくだって この「くだ」からは嫌な音がする

「くだを巻く」とは、「とりとめのないこと」、あるいは「不平不満をくどくどと言うこと」だ。この「くだ」は、糸巻き機の軸の部分にある管のこと。この管が糸を巻く時に「ブーンブーン」といった音を鳴らし続ける様子が、酔っ払いが同じことを繰り返して言う様に似ているというので、「くだを巻く」と言うようになったのだ。

ぐれるのぐれって 江戸の言葉遊びが由来

「ぐれる」は今でも普通に使われているが、かなり古くからある言葉だ。これは「ぐれはま」の「ぐれ」に動詞を表す「る」を付けたもの。「ぐれはま」とは何かと言えば、「はまぐり」を逆にした言葉が変化したもので、江戸時代に生まれている。はまぐりのような二枚貝は、普通はぴったり合わさっているが、ひっくり返すとまったく合わなくなってしまう。そのことから物事が食い違うことを「ぐれはま」と言うようになり、さらに人の道から外れた人を「ぐれる」と言うようになったのである。

ペーペーの新人のペーペーって漢字で書けばすぐわかる

新人や役職のない社員を形容する言葉に「ペーペー」がある。現在では「ペーペー」と表記されるが、もともとは「ペイペイ」だった。それが「ぺえぺえ」に変化し、その音から「ペーペー」となったのだ。では、「ペイペイ」とは何か？　漢字で書けば、その答えはすぐわかる。漢字では「平平」である。つまり「平社員」の「平」なのである。まさになんの役職にも付いていない平の社員ということである。

溜飲が下がるの溜飲ってそれは確かに気持ちが悪いものだ

不平、不満など胸につかえていたものが解消して、気が晴れることを「溜飲が下がる」と言う。「溜飲」は別に難しい言葉ではない。「溜」は「たまる」、「飲」は「飲む」、合わせて「飲んだものでたまっているもの」だ。そこから、「溜飲」は「食べたものが消化できず、胃に留まり、胃液が喉に上がってくる状態」のことを意味するようになり、さらに「胸につかえた嫌な気持ち」ということになったのである。それが喉から下がると、気分が良いことから「溜飲が下がる」という言葉が生まれたのだ。

うるう年のうるうって漢字の読み間違いが始まり

1年は厳密には365・2422日であり、その端数を調整するために4年に1回、1日プラスし2月を29日にしているが、この年をうるう年と言う。このことは、誰でも知っていることである。

うるう年は漢字で「閏年」と書く。「閏」には「正統ではない=正しくない」という意味がある。しかし、もともとこの漢字には「うるう」の読みはなかった。信じ難いのだが、この「閏」を「潤」と間違えて、「潤」の読みである「うるう」を当てたと考えられている。

へそくりのへそって
お腹にある「へそ」ではない「へそ」とは

内緒で貯めた金を「へそくり」と言う。「へそ」と聞いてすぐに浮かぶのがお腹にある「臍」だが、「へそくり」の「へそ」は「臍」ではない。「へそくり」は正しくは「へそくり金《がね》」と言い、漢字では「綜麻繰り金」と書く。「綜」とは麻糸を掛ける道具、「麻」とは文字どおり麻糸のこと。つまり「綜麻繰り」は、「綜」に「麻糸」を巻き付けることを表している。かつて、農村などでは妻が内職として「綜麻繰り」＝糸巻きをして金を貯めていたことから、「へそくり」という言葉が生まれたとされている。一説では、山内一豊の妻が夫に馬を与えた金はこの「綜麻繰り」で貯めたと言われている。

へそを曲げるのへそって
へそはへそでも何のへそ？

「へそを曲げる」を辞書で引くと、だいたい「機嫌をそこねて意固地になる」（大辞泉）ということが書いてあるが、この「へそ」が何かについては書いていない。この場合の「へそ」は、お腹にある「へそ」ではなく、船を漕ぐのに使う「櫓」の中心にあり支点となっているもののことだ。この「へそが曲がる」と船が漕ぎにくくなることが、もともとの意味だったのだ。

しち面倒くさいのしちって「しち」は「ひち」が変化したもの

非常に面倒くさいことをいう言葉に「しち面倒くさい」がある。漢字では「七」の字が使われているが、数字の「七」とは関係ない。もともと、「しち」は「ひち」であった。「ひち」は「甚だしい、ひどい」という意味がある接頭語の一つ。この「ひち」が、「しち」に音変化し、同じ音の「七」の字が当てられたのである。

ほうほうのていのほうほうって命からがら逃げる時の格好から来た言葉

命からがらやっとのことで逃げることができる様を表すのに「ほうほうのていで逃げる」という言葉がある。今でもよく使われる言葉であり、その意味はよく知っているが、「ほうほう」が何かを知っている人はどれだけいるか？「てい」は「体」であり、「外からみたあり様」という意味。「てい」と同じで「ほうほう」も漢字で書けばすぐわかる。「ほうほう」は「這う這う」だ。つまり「ほうほうのてい」とは「這いつくばって逃げる」ような様子を言い表しているのである。

年寄りの冷や水の**冷や水**って　この冷や水は浴びるものではない

「年寄りの冷や水」は、年寄りが年齢を顧みず、無茶をする様を表すことわざである。確かに年寄りにとって冷や水はあまり身体に良くない。この言葉から年寄りが冷たい水を浴びている図を想像できるが、この場合は浴びるのではなく、飲んでいるのである。このことわざは「江戸いろはかるた」の一つだが、当時の江戸では水道事情があまり良くなく、常に水不足だったと言われている。そのため、桶に水を入れて売り歩く「水売り」という商売があったが、その水も江戸を流れる隅田川の水などであり、衛生的ではなく飲料には適していなかった。特に体力のない年寄りが飲むと腹を壊すことになる。そのことを注意したのがこの「年寄りの冷や水」なのだ。つまり、この冷や水は、川の水、特に隅田川の水のことなのである。

長いものには巻かれろの**長いもの**って
意外な長いものの正体とは

力のある者には抵抗せずに従ったほうが良いという意味を表すことわざに、「長いものには巻かれろ」がある。誰でも意味を知っている言葉だが、では、この長いものとは何か？　このことわざは中国の伝説が基になっていると言われている。その伝説とは、「象の鼻に巻かれて運ばれていた猟師の前に獅子が現れ、猟師が仕留めたところ、象が墓場に案内し、そこにはたくさんの象牙があった」というもの。だから、もともと「長いものには巻かれろ」には、現代のような「無駄な抵抗はするな」という意味ではなく、「長いものにまかれると良いことがある」という意味だったのだ。いずれにせよ、この「長いもの」は象の鼻ということである。

与太話の**与太**って
もとは浄瑠璃の世界の隠語だった

嘘やでたらめな話を「与太話」と言い、それを言うことを「与太を飛ばす」と言う。この「与太」は、落語の登場人物である「与太郎」から来ていると言われている。もともと「与太郎」は浄瑠璃《じょうるり》の隠語であり、馬鹿でマヌケな人物として描かれている。そこから、「与太郎」および「与太」が嘘つき、でたらめなことを言う奴という意味で使われだしたのだ。

野次馬の**野次**って役に立たないものという意味

自分とは無関係のことに面白半分に興味を持つことや騒ぎ立てることを「野次馬」と言う。この「野次馬」は「親父馬」の「お」が省略されたものと考えられている。「親父馬」とは、仕事する能力を失った年老いた馬のことだ。そこから、役に立たないものの代名詞として、「野次馬」という言葉が使われるようになったのだ。

半畳を入れるの**半畳**って元は芝居の世界から出た言葉

「半畳を入れる」とは、他人の言動をからかったり、非難したりすること。これはもともと、芝居の世界で使われていた言葉だ。役者の芸に不満がある時、観客が敷いていたゴザを投げ入れた。このゴザが畳半分の広さ、つまり半畳だったことから、この行為を「半畳を入れる」と言うようになり、そこから、芝居だけでなく他人の言動を非難したり、からかったりすることを言うようになったのだ。

横紙破りの**横紙**って無理やり、紙に何かをすること

自分の意見や考えを無理に通そうとすることや、それをする人を「横紙破り」と言う。「横紙」という名の「紙」があるわけではない。この「紙」は和紙のことであり、和紙は漉き目が縦に通っている。そのため、縦には破りやすいが、横には破りにくく、横から破ろうとすると、無理やりすることになる。そこから、無理に何かをすることを「横紙破り」と言うようになったのだ。

金に糸目を付けないの**糸目**ってこれがないと大変なことになる

予算を考えずに物事をおこなうことを、「金に糸目を付けない」と言う。「糸目」とは、バランスや上がり具合を調節するために、凧の表面に付けた糸のことだ。これを付けない凧は、どんどん上昇してしまうことから、制限を付けないという意味で「糸

目を付けない」という言葉が使われるようになったのだ。

朝っぱらのぱらって何かをする前の早朝のこと

極めて早い朝を意味する言葉に「朝っぱら」がある。特に、早朝にふさわしくないおこないを非難するような時に使われる。この「朝っぱら」は、朝食を食べる前のまだ空腹時のことであり、漢字では「朝腹」と書く。もともとは「あさはら」と言っていたが、その後、「朝っぱら」に転訛したのだ。

長丁場の丁場ってこれが長いと時間がかかる

物事が長時間かかることを表現するのに「長丁場」という言葉がある。この「丁場」は、宿場から宿場までの距離のことであり、これが長いと確かに時間がかかる。そこから、物事が長時間かかることを「長丁場」と言うようになったのだ。ちなみに歌舞伎では、一つの台詞や段取りが長いことを「長丁場」と言う。

もぬけの殻の**もぬけ**って確かにこの中には何も入ってない

人が去った後の誰もいない家などを表現する言葉に「もぬけの殻」がある。特に刑事ドラマや時代劇などで、犯人が逃げた後の隠れ家についてよく言われる。この「もぬけ」とは、蛇や蟬などが脱皮した後の抜け殻のことだ。文字どおり、抜け殻の中には、何も入っていないので、この言葉が生まれたのだ。

元旦の**旦**って元旦＝元日ではない

元旦を1月1日のことだと思っている人が多いが、これは正しくない。元日は1月1日の丸一日のことだが、元旦は1月1日のある一部を言う言葉だ。では、元旦とはいつのことなのか？　「旦」には、「あさ、あさがた」という意味がある。つまり、元旦とは、元日の朝のことなのである。

正月のテレビを見ていると、1月1日の午後や夜に元旦と言っている人がいるが、これはちょっと恥ずかしい。

大団円の団円って
団も円も同じ意味を持つ

物事が終わりつつあることを表現するのに「大団円を迎える」という言葉がある。今では、スポーツの試合などでも使われているが、もともとは演劇用語だ。この言葉を辞書で引けば「小説・劇などで、めでたく解決がつく最後の場面」（広辞苑）とある。「円」には「まるい」という意味があることは知っていると思うが、実は「団」にも「まるい」という意味がある。「団欒《だんらん》」とか「団扇《うちわ》」の「団」は「まるい」という意味だ。つまり、この二つの語からなる「団円」も「まるい」ことを意味し、それに大が付いた「大団円」は、「まるく収まる」ということを表現しているのである。

木で鼻をくくるって
くくるはある言葉が変化したもの

そっけない態度を取ることを「木で鼻をくくる」と言う。「くくる」には「束ねる」とか「しばる」という意味があるが、この場合はいずれでもない。もともとこの言葉は「木で鼻をこくる」と言ったのが転訛して、「くくる」になったと考えられている。「こくる」とは「こする」と同じ意味の言葉だ。つまり、木で鼻をこすれば、かさかさした感じがすることから、そっけない態度を表しているのである。

顰《ひそ》みに倣《なら》うの顰みって
中国の故事から来た言葉

よく考えもせず、人の真似をすることを「顰みに倣う」と言う。「顰み」はこの慣用句以外では、あまり使われることのない言葉だ。「顰み」とは、「眉間にしわを寄せ顔をしかめること」(大辞泉)だ。この慣用句は、『荘子』に書かれている故事から来ている。その故事とは、中国の春秋時代の美女・西施《せいし》が持病に苦しんで顔をしかめたのを見た女が、そうすれば美しく見えると勘違いして真似したが、周りから気味悪がられたというもの。この慣用句は正しくは「西施の顰みに倣う」と言う。

第2章

外来語に由来する言葉

スイートルームのスイートって甘いイメージを抱くのは日本人だけ？

スイートと聞くと、英語に弱い日本人は単純に sweet（甘い）と思いがちだ。スイートルームはホテルの中でも最高級の部屋であり、おまけに欧米の有名人が新婚旅行などで宿泊する部屋というイメージが強い。そのため、贅沢で甘美な雰囲気を感じ取ってしまうので、より sweet と結びつきやすいのであろう。

しかし、スイートルームのスイートを英語で書くと、suite となる。ひと組、ひと揃いといった意味である。これは、上下でひと揃いの洋服のスーツ（suit）と同じ語源の言葉だ。つまり、スイートルームは居間と寝室の二間で一つになっている部屋のことだ。確かに、日本人から見れば居間と寝室からなるスイートルームは、甘美なものには違いない。

学ランのランって学ランは鎖国が生み出した言葉？

男子学生服を指す学ランは、今では、学生だけでなく、広く一般的に使われている言葉だ。学ランの学は学生の学であることは容易にわかるが、ランとは何か？

結論から言えば、ランとはオランダのランである。

鎖国をしていた江戸時代、欧米諸国で唯一交流していたオランダは、外国の代名詞でもあった。そのため、オランダが西洋の物事を指す言葉として使われていた。西洋の学問や文化を蘭学と言うのと同様に、オランダ人が着ていた衣服、つまり洋服は、蘭服、あるいはオランダを略したランダと呼ばれていた。その後、明治時代に学生服に詰め襟の洋服を採用した時に、学生ランダと呼び、それの省略形として学ランが使われ、今日に至っている。つまり、学ランは意外に古い歴史を持つ言葉なのである。

フリーマーケットのフリーって自由なフリマはフリーではない

専門家ではないまったくの素人が自分の持ち物を売りに出すことができるフリーマーケットは、遊び感覚で参加でき、不用品を処分できるうえにお金を手にできることから、若者やファミリーに人気がある。自由な感覚とその音から、フリー（自由）なマーケットと思っている人が多い。しかし、これは間違い。

フリーマーケットのフリーとは、free ではなく、flea である。flea とは、英語でノミだ。つまりフリーマーケットとは、蚤の市のことである。蚤の市は、もともとはパリ郊外で開かれる中古品の露天市の名前 marché aux puces であり、それを英訳したのが flea market だ。フリーマーケットも蚤の市もともに、よく知られている言葉であるにもかかわらず、同じものだと知らない人が多いのは、不思議なものである。

プラスアルファの**アルファ**って
日本人の勘違いが始まり

あるものに何かをプラスすることをプラスアルファ（α）と言う。これは、いわゆる和製英語であり、アメリカ人やイギリス人には通じない。同じ意味で英語では、プラスXと言う。

なぜプラスXがプラスαになったのか？　通説では、英語Xの筆記体がギリシャ文字のαに似ていることから、外国語に弱い日本人が見誤ったと言われている。この間違いが正解として定着し、現在では辞書にも載っている言葉となっているのだ。

サボるの**サボ**って
サボるは日本語にあらず外国語＋日本語である

仕事などの義務を意識的に怠ることを「サボる」と言う。現在でもごく普通に使われる言葉であり、「さぼる」という日本語だと思っている人も多いはず。しかし、「サボる」は日本語ではなく、外国語のサボに、動詞の語尾「る」を付けた造語である。「サボる」の「サボ」は、フランス語で「怠ける」を意味するサボタージュsabotageを省略したものである。サボタージュはもともと労働争議の方法の一つであり、労働者がわざと仕事の効率を落とすことを意味する。木靴のサボを機械に入れて壊したことが由来と言われている。

ハングルって
NHK語学講座から始まった誤用

NHK教育テレビ（Eテレ）の語学講座は、通常、「テレビでイタリア語」「テレビでフランス語」のように「※※語」となっているが、韓国語（朝鮮語）講座のタイトルは「テレビでハングル講座」であり、「語」は付いていない。少なくない人が「ハングル」＝韓国語（朝鮮語）だと思っているが、それは間違い。「ハングル」の「ハン」とは「大いなる」、「グル」は「文字」という意味であり、つまり「ハングル」とは韓国語（朝鮮語）ではなく、文字のことである。

NHKの韓国語（朝鮮語）講座は、1984年に教育テレビとラジオ第2で始まっている。この時、NHKは、韓国語講座とするか、あるいは朝鮮語講座とするかで意見が割れ、結局、どちらも採用せず、妥協策として「アンニョンハシムニカ　ハングル講座」（2008年3月まで）とした。以後、「ハングル」を韓国語（朝鮮語）とする文章や発言が多く見られるようになり、日本では「ハングル」＝韓国語（朝鮮語）が通用しているのである。

超ど級のど級って　どを漢字で書いてはいけません

物事がものすごいことを形容する言葉に超ど級がある。漢字で書くなら超弩級となる。文字面だけ見ると、弩級のさらにすごいものとなる。では弩級とは何か？　弩には「いしゆみ」あるいは「おおゆみ」という意味があり、中国古代の武器・機械式の弓のことである。であるなら、超弩級は「いしゆみのすごいもの」ということになるが、わかったようでわからない。

実は、弩は当て字であり、より正確に書くなら超ド級とすべきだろう。このドはある言葉の頭文字である。その言葉とはドレッドノート。つまり、超弩級は超ドレッドノート級が正式名称だ。ではドレッドノートとは何か？　これは20世紀初頭に活躍したイギリス海軍の戦艦の名前。従来の戦艦よりも排水量においても速さにおいてもずば抜けており、そこからドレッドノート級（Dreadnought-class）という言葉が生まれた。さらにその後、ドレッドノートを超える能力を持つ戦艦が登場した時に、超ドレッドノート級（Super Dreadnought-class）という言葉が生まれている。それが次第に省略形の超ど級となり、弩という漢字が当てられたのだ。現在では、元来のドレッドノートは忘れられ、超ど級という言葉が残っているのである。

ハイジャックのハイって空でも海でも陸でもハイはハイ

飛行機を乗っ取ることをハイジャックと言う。飛行機は高いところを飛ぶことからハイ＝高い（high）と思っている人は多いが、これは間違い。ハイジャックを英語で書くとhijackであり、highjackではない。また、日本では、船の場合はシージャック、バスの場合はバスジャックと言うが、英語のハイジャックは飛行機だけではなく、乗り物の乗っ取り全般に使われる。

この「ハイ」の由来には、追いはぎ（highwayman）と密猟者（jacker）とを併せたというもの、強盗をする時に知り合いのふりをして「ハイ、ジャック」と呼びかけたからなど、諸説あるが、定説とされるものはない。

コネ入社のコネってもともとはなかった意味で使われている

会社に影響力のある人の力を借りて入社することを「コネ入社」と言う。あるいは、入手が難しいコンサートのチケットなどを融通してもらうことなどを「コネを使う」と言う。この「コネ」は、さまざまな年齢の人、さまざまな場面で使われており、「コネ」という項目で載せている辞書もある。そのため、「コネ」が日本語だと思っている人も多いと思うが、「コネ」は英語の「コネクション（connection）」の頭の部分なのだ。「コネクション」には「関係、つながり、連絡」といった意味がある。日本では、そこから「親しい人間関係」→「物事がうまくいくはずの関係」→「縁故」という意味となり、「コネクション」を省略して「コネ」という言葉が生まれたのである。

ハイカラ、バンカラのカラって カラーの省略形、ではカラーとは

西洋風のおしゃれな雰囲気を「ハイカラ」と言う。一方、野蛮な雰囲気を「バンカラ」と言う。「ハイカラ」という言葉が生まれたのは、明治30年代初めの頃、外国へ行ったことを自慢げに語る政治家を、新聞「万朝報」が「ハイカラー」とバカにしたのが最初と言われている。この「ハイカラー」は high-collar であり、collar はシャツの襟のことである。つまり、「ハイカラ」は「西洋風の高い襟」という意味。「バンカラ」は「ハイカラ」から派生した言葉で、「ハイカラ」とは反対に「野蛮な言動」を意味する。つまり「バンカラ」の「バン」は、「野蛮」の「蛮」である。

セレブな人のセレブって 金持ちだからセレブとは限らない

セレブという言葉は、１９９０年代後半あたりから芸能マスコミでよく使われるようになったが、その使われ方が曖昧で今一つ意味がわからない。芸能マスコミでは、このセレブを「経済的に余裕のある人、金持ち」という意味合いで使っているが、本

来の意味は少々違う。セレブは英語の「セレブリティ（celebrity）」の省略形であり、「celebrity」の意味は「名士、著名人」なのだ。厳密には、経済的な問題とは無関係であり、金持ちでも「名士」と呼べない人もいるはずだが、日本では「金持ち」という意味が強くなっている。

セピア色の**セピア**ってあまりロマンチックではない本当の意味

古い白黒写真を表現する言葉に「セピア色」というのがある。その独特の色調と語感の良さから「セピア」という言葉にはロマンチックなイメージを持つかもしれないが、本当の意味はロマンチックでも何でもない。英和辞書でセピア（sepia）を引くと、「暗褐色、セピア色」などの意味があるが、もともとはラテン語で「甲イカ」のことである。このイカの墨を使って書いた文字や絵が時間の経過により色あせた状態が、セピア色なのである。

合コンの**コン**って明治時代の学生言葉だった

男女のグループ同士が合同でおこなう飲み会や食事会のことを合コンと言う。もともとは若者言葉だったが、最近では辞書にも載っているほど一般にも浸透している。「合コン」の「合」は「合同」であり、「コン」は「コンパ」である。この「コンパ」とは何か？

「コンパ」とは英語のcompany（カンパニー）だ。一般的には会社の意味で使われるcompanyだが、「仲間、社交」という意味もあり、そこから、明治時代、旧制高校の学生が「仲間との飲み会」を「コンパ」と言ったのである（当時は、コンパニーと発音した）。その後、あまり使われない時期があったが、戦後になると再び大学生を中心に使われるようになり、学生街には「コンパ」という名の飲み屋も多く見られた。最近では、男女のグループが合同ですることを「合コン」と言うようになり、コンパから離れて独り歩きして使われることが多くなっている。

グッドバイのグッドってグッドモーニングとは違う語源

グッドバイのグッドは、グッドモーニング（good-morning）やグッドアフタヌーン（good-afternoon）と同じように、goodと書く。しかし、グッドモーニングは

「良い朝を」、グッドアフタヌーンは「良い昼を」と意味が通じるが、グッドバイの場合「良いお別れを」では、わかったような、わからないような意味になってしまう。

実は、good-byは「God be with ye」(神があなたとともにあるように)を省略したものであり、グッドは本来「God」のことなのだ。

ペケ印のペケって中国語かマレー語か、語源は2説あり

×印のことをペケ印と言う。ペケはダメとか役に立たないことの意味で使われる。このペケの語源としては二つの説がある。一つは中国語の「不可《プーコ》」が訛ったという説。もう一つはマレー語の「pergi《ペルギ》」から来たというもの。確定的な意見はないものの、やや中国語説が有力かと思われる。

第3章

名前に関する言葉

私立探偵の**私立**って昔は公立探偵もいたのだ

私立を辞書で引くと、「①個人や法人が設立し経営していること。また、そのもの。（略）②自分の力でやっていくこと」（大辞林）とある。言い換えれば、国や自治体が設置していないということ。

しかし、現在では公立の探偵は存在せず、私立ばかりである。それなのに、なぜ私立探偵と言うのか。その理由は江戸時代までさかのぼる。

江戸時代では、当時の警察官である同心、あるいはその配下の岡っ引きを探偵方と呼んでいた。その名残から、明治時代には刑事や巡査のことも探偵と呼んでいた。つまり、明治初期は、探偵と言えば公立しか存在していなかったのである。

ところが、明治28年（１８９５年）に、元警視庁警察官の岩井三郎という人物が、我が国最初の探偵事務所を開業。私立探偵の誕生である。その後、この岩井三郎は、山本権兵衛内閣を総辞職に追い込んだシーメンス事件をはじめ、数々の事件の解決に貢献し、その名を轟かせることになる。以後、次第に刑事や巡査を探偵とは呼ばなくなり、探偵は私立だけとなるのだが、現在でも、私立探偵という言葉が残っているのである。

あみだくじの**あみだ**って現在の形ではあみだとは無関係

あみだくじとは、タテヨコ適当に引いた線をたどって行き、下のほうに当たり外れがあるくじのことである。このあみだは、仏様の阿弥陀である。なぜ、このくじにあみだの名前が使われているのか？

もともとあみだくじは、現在のようにタテヨコの線ではなく、中心から放射状に数本の線を引いておこなわれていた。この放射状の線が阿弥陀仏の後光に似ていることから、あみだくじと呼ばれるようになったと言われている。また一説には、このくじが公平なことから、平等に功徳を施した阿弥陀様の名前をいただいたとも言われている。いずれにせよ、あみだくじのあみだは阿弥陀様の阿弥陀である。

源氏名の**源氏**って元は宮中のしきたりだった

ホステスや芸者など水商売で接客をする女性が店で名乗る名前を源氏名と言うこと

は、多くの人が知っているだろう。

これは『源氏物語』の「源氏」である。もともとは、宮中や公家に仕える女官・女房に、桐壺、明石など『源氏物語』の帖名をつける習慣があった。この習慣が武家にも広がり、さらには江戸時代に入ると、遊女も帖名を名乗るようになった。このことから、現在でも水商売の女性の名前を源氏名と呼ぶのである。

国務長官の国務って 日本の国務大臣とはまったく違う役割

アメリカ合衆国の国務長官の国務とは何か？

日本では、国務大臣は首相をはじめとする大臣の総称であり、その内容は幅広く、特に一つの業務を意味するわけではない。そのため、日本人にとっては、国務長官と聞いても、何をするのかがわかりにくい。

国務長官（Secretary of State）は、国務省（Department of State）の長官である。国務省は、外交政策を担当する役所であり、日本の外務省に対応する。つまり、国務長官は日本で言えば外務大臣ということになる。しかし、その職務範囲は、通商や軍縮などにも及び、外務大臣に比べるとより大きな権限を持っている。

また合衆国憲法では、大統領継承順位が、副大統領、下院議長、上院仮議長（副大統領が上院議長を兼務するために設けられている）に次いで４番目と高位にある。つまりアメリカ政府の中では、最も重要な大臣なのだ。

公認会計士の**公認**って英米に倣い公認が付けられている

公認会計士は、弁護士、医師と並んで国家資格の中でも最も難しいと言われている。国家資格とは、法律に基づき国（または国が委託した機関）が実施する試験に合格した人間に与えられるものであり、言い換えれば国家が公認した資格である。つまり、他の国家資格もすべて公認された資格である。それなのに、なぜ公認会計士だけがわざわざ公認と名乗るのか。

我が国では、それまであった計理士法を廃止し、１９４８年に公認会計士法が制定されている。この時、名称が公認会計士となった。なぜ、この名が付いたかと言うと、当時、公的資格である計理士以外にも会計士を名乗って仕事をしている人がいたため、それと区別するために公認と付けたと言われている。

また、英国では19世紀に同様の制度が作られ、その名称は勅許会計士《ちょっきょ》（Chartered

Accountant）である（ちなみに勅許とは国王に許可されたという意味である）。さらに20世紀初頭に制度が作られた米国では、すでに公認会計士（Certified Public Accountant）を名乗っていた。このように欧米の国の名称を参考にし、我が国でも公認会計士となったのである。

純喫茶の純って純じゃない喫茶店とは？

最近では外国資本のコーヒーショップや低価格のチェーン店に押されて、昔ながらの喫茶店は減少傾向にある。と同時に「純喫茶」という言葉も死語になりつつある。しかし、年配の人の中には、いまだ純喫茶愛好家は少なくない。

しかし、この純喫茶の純とは何か？　なんとなくわかっているような気がするが、正しい意味を理解している人はどのくらいいるのだろうか？

そもそも我が国において、喫茶店は明治20年代に登場し、明治40年代にはカフェーと呼ばれる店が増え、大学生など知識階級の人々の間で人気を呼んだ。昭和に入ると現在の喫茶店と同様の形態の店が増え、同時に酒類を提供し、女給の接客を売りにする店も人気を呼んだ。この両者を区別するために、前者を「純喫茶」、後者を「特殊喫茶店」と呼ぶようになった。つまり、純喫茶とは、女給がいなくて酒類を出さない喫茶店のことである。その後、昭和30年代に名曲喫茶やジャズ喫茶などの音楽を聞かせる喫茶店が登場し、最近ではマンガ喫茶、メイド喫茶などコーヒー以外のものを売りにする店もあるが、これらと違ってコーヒーを売りにしているのが純喫茶というわけである。

大学イモ、大学ノートの大学って大学が知の最高峰だった時代の名残？

さつまいもを揚げて、ミツをからめたものを大学イモと言う。この大学イモという名前の由来にもいくつかの説がある。その中で最も有力とされているのが、東京帝国大学の赤門前の店が始めたからという説だ。三河屋というふかしいも屋が、大正初期にいもにミツをからめたものを売り出したところ、帝大生に人気を呼んだ。大学の前で売られていることから、大学イモと呼ばれるようになったということである。単に大学の前にあったからというわけではなく、普通のふかしいもより凝った作り方をしていることが、いもとしては大学レベルだということから、名付けられたという説もある。いずれにせよ、東大前の三河屋が由来なのは間違いない。

大学ノートも大学イモと同じ由来である。辞書には、「大学生用のノート」あるいは「大学生が好んで使う」からとあることが多いが、実際は、明治10年代に東京帝国大学前にあったまつやという店が、洋紙を使ったノートを製造販売し、帝大生に人気を呼び、店側も「大学ノート」という名前で売るようになったということである。つまり、大学ノートも大学イモも大学とは、東京帝国大学のことなのである。

段ボールの**ボール**って ボールは球ではなく板である

段ボールは、引っ越しや物の輸送においてなくてはならないものであり、誰でも知っている。

その歴史は古く、19世紀にイギリスで開発され、アメリカで包装材として発展したものだ。日本では1909年（明治42年）頃、井上貞治郎（段ボールメーカーのレンゴーの創設者）により商品化されている。そしてこの井上こそが、段ボールの命名者である。

ボール紙を素材に、段々状にしわを寄せたものであることから、段ボールと付けられたのだが、では、ボール紙のボールとは何か？

ボール紙とは、藁パルプで作られた板状の紙であり、この板こそボールの正体だ。つまり、board（板）が間違えてボールになってしまったのである。

単車の単って
二輪が単車、四輪車は複車、ではない

単車とはオートバイの別名だ。オートバイは二輪車であることから、単車とは四輪車に対する意味と考える人が多い。つまりタイヤが2列になっている四輪に対して、タイヤが1列という意味で単車という言葉を使っているという説だ。確かに、安定している四輪車に比べると、不安定なオートバイは〝単〟と呼ぶのも納得できる。しかし、この単とは、四輪に対してという意味合いはない。

オートバイにはいわゆるサイドカー付きのものがあるが、昭和初期から戦後間もない日本ではこちらが主流であった。サイドカーを複車と呼び、このサイドカーが付いていないオートバイだけのものを単車と呼んだのである。ところが、サイドカー付きのオートバイはほとんど見られなくなり、オートバイと言えば単車が普通になり、オートバイ＝単車となってしまったのである。

ゲラ刷りのゲラって活版印刷時代の名残

印刷の世界で使われる言葉に「ゲラ刷り」というのがある。これは、校正用に印刷された紙、つまり「校正紙」のことを意味しているが、これも厳密に言えば違う。活版印刷では箱の中に活字を入れて、文章を組むのだが、この箱が「ゲラ（galley）」だ。そこから、この箱を使って印刷した紙を「ゲラ刷り」と呼んだのだ。その後、印刷のシステムが活版印刷から、写植文字を使うオフセット印刷、さらにはコンピュータを使うＤＴＰになり、活字を入れる箱＝「ゲラ」を使わなくなっても、校正紙が「ゲラ刷り」と言われ続けているのだ。

ピーポくんのピーポってパトカーのサイレン音ではありません

警視庁のマスコットキャラクターである「ピーポくん」は、愛らしい風貌で子どもたちに人気が高い。この「ピーポくん」の「ピーポ」を、パトカーの警告音である「ピーポーピーポー」から来ていると思っている人が多いのではないだろうか？　確かに、警察のマスコットの名前が「ピーポくん」なら、そう思うのが当然と言えば当然だ。しかし、「ピーポくん」のピーポは、「ピーポーピーポー」ではない。「ピー」は「ピープル」の、そして「ポ」は「ポリス」の頭文字である。警視庁のホームページによれば、人々（都民）と警察の架け橋となることを願って名付けられたということである。ちなみに、「ピーポくん」は特定の動物ではなく、いろいろな動物の可愛らしい部分をイメージ化している、とのことである。

カタカナの**カタ**って漢字で書けば片仮名、片の意味は？

カタカナはひらがなに比べて新しいイメージがあるが、実際はかなり古い歴史があり、9世紀には登場している。一説には吉備真備《きびのまきび》が作ったという説もあるが、これは俗説にすぎないと考えられている。

カタカナは例えば、アは阿の偏、イは伊の偏、ウは宇の冠のように、漢字の部分で作られている。カタカナという名前は、ここから来ている。カタカナは漢字では片仮名と書くが、この片には、一部分という意味がある。カタカナのカタもそこから付けられている。つまり、カタカナのカタは、漢字の一部分という意味なのである。ちなみに、ひらがなのひらは、平たいのひらである。

ヤンママのヤンって ヤングなママは間違い

ヤンママは10代後半から20代前半と若い人が多いことからヤングなママだと思っている人が多いと思うが、これは間違い。ヤンママはヤングママの略ではなく、ヤンキーママの略である。

ヤンキーとは、不良のことを指す若者言葉。もともとは昭和50年代後半から大阪周辺で使われていたが、テレビで関西芸人の人気が高まるにつれ、全国的に使われるようになった。なぜ不良のことをヤンキーと言うかについては、諸説ある。例えば、河内弁の「やんけー」から来たという説、大阪のアメリカ村と呼ばれる地域から生まれたことに由来するという説など。なかでも髪を金色や茶色に染めている不良を外国人みたいな奴と言うことから、外国人を代表する言葉としてヤンキーと言い出したという説が最も有力である。いずれにせよ、ヤンママのヤンは不良を意味するヤンキーなのである。

学生時代の学生って
法律では、高校生は学生ではない

高校の頃の思い出を話す時に「学生時代」と言う人がいるが、厳密にはこれは正しくない。確かに「学生」を辞書で引くと「学校で勉強する人、特に大学生」とある。これだと中学生も高校生も学生と言えないことはない。しかし中学生や高校生は学生ではなく、生徒と言うのが正しい（ちなみに小学生は児童だ）。

学生とは何かについては、学校教育法および各学校設置基準により規定されている。それによれば、大学、短大、大学院、および高等専門学校（高専）に在籍する者を言うのである。それ以外は生徒（中学生、高校生、専修学校生、各種学校生）および児童（小学生）である。

ビー玉のビーって
AではないB説は本当？

ビー玉のビーはBであるという説がある。これは、ラムネ瓶の中に入れるには形が悪いものを子どものおもちゃ用にしたことから、B級の玉という意味で命名されたというのである。この説を信じている人は多いと思われるが、現在では否定的だ。それに対して、定説とされているのが、「ビードロ」説だ。ビードロとはガラスを意味するポルトガル語。室町時代に長崎にやって来たポルトガル人がガラス製の杯や鉢などの製法を教えたことから、ガラスのことをビードロと言うようになった。つまり、ビー玉とはビードロ玉が縮まった形なのである。現在、ほとんどの辞書がこのビードロ説を採っている。

ベーゴマのべーって
えっ？　超意外な本当の意味

子ども用の遊戯であるベーゴマは一時衰退していたが、最近では、現代版ベーゴマである「ベイブレード」の人気もあって、「ベーゴマ」という言葉は子どもたちにも知られるようになった。

ベーゴマのゴマは、独楽《こま》のことであるが、ベーとは何であるか。

一般的にはカタカナで表記されることが多い「ベーゴマ」にもあまり知られていないが、「貝独楽」という漢字がある。この漢字からもわかるようにもともとベーゴマは、貝殻に砂や土を入れて独楽にして遊んだのが始まりと言われている。そしてその貝とは、バイ貝だ。そう、ベーゴマはバイコマが変化した言葉であり、ベーはバイ貝のバイなのである。

しもた屋の**しもた**って
元の意味が変化して現代の意味に

商売していない民家のことを「しもた屋」といい、漢字では「仕舞屋」と書く。この漢字からもわかるように、もともと「しもた屋」とは「何かを仕舞うた（しまった）家」という意味である。つまり、「商売を止めた家＝元は商店だった家」のことを指す言葉だったのが、次第に「商売をしていない家」のことを意味するようになったのである。

あずまやの**あずま**って
四阿は形態を、東屋は意味を表している

「あずまや」とは、日本庭園などに見られる四隅の柱の上に屋根が載っているだけの簡素な建物のことである。漢字では「四阿」と書く。「阿」とは、「家のひさし、棟」のことであり、その形態を表していると言えるだろう。「東屋」という漢字もあり、

これは意味を表している。東とは「東国」であり、「東国風の家」ということである。「東国」とは、京から見て東の国であり、具体的には現在の関東地方を指す。京に都があった頃、東国は辺鄙な場所の代名詞であり、「東国風の家」とは、粗末で品がない家ということを言っているのである。

確信犯の確信って単なる犯罪に使うのは間違い

よくないこととわかっていながら、あえてする人のことを「確信犯」と言う。犯罪の場合もあれば、会社内などのちょっとしたルール違反などにも使われるので、誰もがあまり疑問に思わないのかもしれない。しかし、よく考えると「確信犯」とはどのような意味なのか？　一般的に使われている場合は、冒頭にも書いたように「よくないこととわかっていてすること」という意味でこの言葉を使っている。しかし、本来の意味は少々違う。

「確信犯」は、ドイツの法学者ラートブルフが提唱した概念であり、「道徳的、宗教的、政治的な確信に基づいておこなう犯罪」と定義されている。つまり、単なる犯罪に「確信犯」という言葉を使うのは間違いなのである。

鳶職の**鳶**って
高いところで仕事をするからではない

建物の屋根や梁など高いところで作業する職人を「鳶職」と言う。「鳶」とは鳥の「とび」のことである。とびは空の高いところを飛ぶことから、屋根の上で仕事をする職人に似ているということで名付けられた、わけではない。「鳶職」の「鳶」は確かに鳥のとびのことではあるが、高さとは関係ない。鳶職が、木造の建物を解体したり、材木を移動する時に使う、長い棒の先に金属の金具を付けた工具がある。その形が鳶のくちばしに似ていることから、この工具の名前を「鳶口」と言う。この工具を使う職人だから、「鳶職」と呼ばれるようになったのである。

カクテル光線の**カクテル**って
カクテルを飲みながら、ナイター観戦？

プロ野球のナイター中継を見ていると、夜間照明のことを「カクテル光線」と言うことがある。「カクテル」と聞いて思いつくのは、酒の「カクテル」だ。「カクテル光線」の「カクテル」は酒と何か関係があるのか？「カクテル」が付く言葉にはほかに、カクテルパーティーがあるが、これは酒のカクテルが出るパーティーのことであり、カクテルドレスはそのパーティーに着ていくドレスのことだ。しかし、「カクテル光線」は酒とは関係ない。カクテルを飲みながら、ナイターを見るというのもあまりなさそうだし……。

カクテルには、「いろいろな要素を混ぜ合わせたもの」という意味がある。酒のカクテルも、いろいろな飲み物を混ぜ合わせたものなので、この名前が付いたのだ。「カクテル光線」も同様に、水銀灯、白熱灯、ハロゲン灯などを組み合わせた照明であり、それゆえ、「カクテル光線」と呼ばれているのである。

百葉箱の**百葉**って
イメージとは違うその本当の意味

百葉箱とは、温度計、湿度計が入れられた白い木製の箱である。小学校の校庭に設置されていることが多いので、ほとんどの人がその存在と名称を知っているのではないだろうか。当たり前すぎて、あまり疑問に感じないかもしれないが、この「百葉」とはなんのことだろうか？　「百葉」とは中国語から来ている言葉であり、「(牛や羊の) 胃」という意味である。牛の胃にはひだひだが多くあり、それが「多くの葉がある」ように見えることから「百葉」と言われるようになったと考えられている。

「百葉箱」は、風通しをよくし、日光と雨が入りにくくするために、四方が鎧戸になっている。この戸の形態が牛の胃に似ていることから、この名が付いたのではないかと推測されている。確かに、百葉箱の戸は牛の胃であるミノやセンマイに似ている。今度、焼き肉屋で確かめてみよう。

演歌の**演**って始まりは自由民権運動

低迷しているとは言え、高齢者を中心にいまだに根強い人気を誇るのが、演歌だ。演歌の始まりは、明治時代、自由民権運動の頃である。自由民権運動が盛んになるにつれ、政府は取り締まりを強化したが、それは演説にも及んだ。そこで、運動の闘士は、取り締まりから逃れるため、その主義主張を歌にして歌った。つまり、それまでの演説を歌にしたので、演説歌を略して「演歌」と称したのである。しかし、次第に政治的な色合いが薄くなり、恋愛や人生を歌うようになり、今日に至っているのである。

パンクロックの**パンク**って不満を破裂（パンク）させるからか？

パンクロックと言えば、最近の若者の音楽と思っている人もいるかもしれないが、パンクロックがこの世に誕生してからすでに40年近い年月が過ぎている。パンクと言えばタイヤのパンクを思い浮かべるが、確かに反体制的なメッセージ色の強いこの音楽には、「何かをパンクさせる」ことは合っているような気がしないでもない。

しかし、タイヤの「パンク」はpunctureであり、パンクロックの「パンク」はpunkなので、無関係ということになる。このpunkは、「くだらないもの、不良」が第一義であり、そこから「伝統を無視し、体制に反抗する若者」という意味が生まれている。パンクロックのパンクはこの意味である。

帝王切開の**帝王**って「帝王」は誤訳だった

自然分娩ではなく、妊婦のお腹あるいは子宮壁を切開して胎児を取り出す手術を「帝王切開」と言う。古い本の中には、「古代ローマのカエサル（シーザー）がこの方法で生まれたという故事に由来する」などと書かれているが、カエサルは無関係である。

日本語の「帝王切開」はドイツ語の「kaiserschnitt（カイゼルシュニット）」を翻訳したものだ。「kaiser」は「帝王」、「schnitt」は「切開」の意味があり、「帝王切開」と訳したのだが、「kaiser」には「帝王、皇帝」のほかに「切開する、切除する」という意味がある。「kaiserschnitt」一語でも「切開する」の意味なのだが、「kaiser」を誤訳したため、「帝王切開」という言葉が生まれたのである。

アタッシェケースのアタッシエって「アタッシュ」は間違いか？

アタッシエケースとは、薄い箱形の手提げ鞄の名称である。日本では古くから、アタッシュケースと言われているが、アタッシェケースが正しい。アタッシェ（attaché）とは、大使館員あるいは大使館付き武官を意味するフランス語であり、彼らが愛用したことからこの名が付いた。

ところで、アタッシュケースという言い方だが、あながち間違いでもないという説がある。英語では、attachéの最後のｅの発音記号を無視し、アタッシュと発音する。日本にはこの英語の発音で輸入されたため、アタッシュケースという言い方が広まったというのである。

はとこのはとって「ふたいとこ」という別名がヒントか？

「はとこ」は、親がいとこ同士の子どものことであり、「またいとこ」という別名もある。辞書で「はとこ」を引くと、以上のような説明が出ているだけで、なぜ「はとこ」と言うのかについて書いてあるのは、ほとんどない。語源関係の本を見ても、これについて書いてあるものは見当たらなかった。これは推測になるが、「はとこ」の別名に「ふたいとこ」というのもあり、これが転訛して「ふたいとこ」↓「はとこ」になったのではないだろうか？

テキ屋のテキってその仕事内容を表している言葉

映画「男はつらいよ」の主人公である「フーテンの寅」こと車寅次郎は、全国を渡り歩き、祭りや路上で万年筆などの商品を売っていた。この職業は、「テキ屋」という。「テキ屋」とは、祭りの場で屋台を出して商品を売ったり、射的やくじ引きなどのゲームを提供する職業のことだ。「テキ屋」という名前は、この射的の的《まと》を提供することから「的屋《まとや》」と言われていたのが、読みを変えて「テキ屋」と言うようになったと考えられている。「テキ屋」には「香具師《やし》」という別名もあるが、これは射的の矢から「矢師」と言っていたものに、「香具師」という字が当てられたのだ。

ママチャリの**チャリ**って１９７０年代から使われ始めた

「ママチャリ」とは、小さな子どものいるお母さんが乗っているような自転車のこと。チャリとは自転車の俗称チャリンコの省略形であり、「ママチャリ」はママのチャリンコということである。

なぜ、自転車を「チャリンコ」と言うのか？「チャリンコ」は１９７０年代に使われ始めた若者語（というより不良語）というのが通説になっているが、その語源についてはいくつかある。例えば、自転車のベルの音が「チャリンチャリン」と聞こえるからという説、朝鮮語で自転車を意味する「ジャジャンゴ」から来ているという説などがあるが、よくわかっていない。なお江戸時代から子どものスリを「チャリンコ」と呼んでいて、そこから来ているという説もあるが、その関係性が不明であり、俗説にすぎないと考えられている。

地下足袋の地下って読みは「ちか」ではなく「じか」

地下足袋は、日本足袋株式会社（現在のアサヒコーポレーション）が1922年に発売した、当時としては革命的と言われた履物である。この会社は、福岡県久留米市にあり、近くにあった三池炭鉱の地下坑内で働く炭坑夫に好評だったことから、全国に広まった。そのため、地下足袋という名前が付いたという説がある。しかし、この説には否定的な意見が多い。

地下足袋の読みは「ちかたび」ではなく、「じかたび」である。これ以前は、足袋の下にわらじを履いていたが、足袋もわらじも長持ちせず、経済的ではなかった。これに対して地下足袋は丈夫なうえ、わらじを履かず、直《じか》に土を踏むことができたので経済的だった。この直に土を踏めることから「じかたび」と、命名されている。それに「地下」の字を当てたのだ。つまり、「地下足袋」の「地下」は「直」なのである。

おたく族の**おたく**って
名前で呼ばない習性から出た言葉

おたくとは、マンガ、アニメ、ゲーム、アイドルなどいわゆるサブカルチャーを趣味とする人たちの総称である。現在では、一般の人たちの間でも広く使われている。では、なぜサブカルチャーを趣味とする人を「おたく」と言うのだろうか？　この言葉が生まれたのは１９８０年代前半、評論家の中森明夫がマンガ、アニメファンを指して命名した。彼ら「おたく」は、自分の世界に生き、社交性に欠けると言われ、友人や仲間を呼ぶ時でも名前やニックネームでは呼ばず、「おたく」と呼んでいたことから、「おたく族」と名付けたのである。当初、「おたく」は侮蔑の対象であったが、その後、次第に世界を広げ、現在では「おたく」という言葉自体は市民権を得たと言えるだろう。

タンクローリーの**ローリー**って
ごく一般的な乗り物のイギリス式言い方

タンクローリーとは、タンクを搭載し、石油などの液体や気体などを運搬するための自動車のこと。ごく一般的な貨物自動車であり、誰もがよく知っていると思うが、その割にはこのローリーの意味はあまり知られていない。ローリーとは、実はトラックのことである。トラック（truck）がアメリカで使われるのに対して、ローリー（lorry）はイギリスで使われる。なぜか一般的な貨物自動車の場合は、アメリカ英語のトラックが広まったのに、タンクを搭載した自動車はイギリス英語のローリーが広まったのだ。

ちょんまげの**ちょん**って　その形態から付けられた呼び方

一般的に、侍や力士の髪型を「ちょんまげ」と言う。厳密には、髷にはいくつかの種類があるのだが、現在ではその総称として「ちょんまげ」が使われている。これは、明治に入ってから使われたのであり、まだ髷を残している人を馬鹿にした言葉と言われている。この「ちょんまげ」という名称は、その形が「ゝ」の字に似ているからであり、この理由にも馬鹿にした思いが感じられる。

左官屋の**左官**って
左官は歴史のある名称だ

建物の壁を塗る職人を左官屋と言う。なぜこの職人が「左官」と呼ばれるかについてはいくつかの説がある。多くの辞書が採用しているのが、宮中の修理の際に、職人に対して仮に「木工寮《もくりよう》の属《さかん》」という役を与えたことが始まりという説だ。「属」は「左官」とも書き、こちらが採られたというわけだ。きっかけとなった工事については、宮中の他に東大寺などという説もあるが、いずれにせよ、「左官」とは、古代の律令制における役職の一つである。

第4章

食に関する言葉

焼き鳥、焼き豚の**ハツ**って、**ガツ**って ハツもガツも英語である

焼き鳥屋や焼き豚屋のメニューを見ると、皮、レバーやタンなど名前だけでどの部位なのかが想像できるものもあるが、その反対に、他の食べ物にはない独特な名前のものもたくさん並んでいる。

例えば、ハツやガツはどうであろうか？

部位でいうなら、ハツは心臓であり、ガツは胃である。焼き鳥好きの人なら当たり前のことだとは思うが、知らない人も多いだろう。

ハツとは、心臓の英語のハート（heart）の複数形 hearts であることは容易にわかる。しかし、なぜ胃がガツなのか？ ガツは英語で書くと guts である。gut は消化管あるいは腸を意味し、guts となると内臓やはらわたの意味となる。そこから転じて腹という意味もあり、内臓の代表である胃をガツというのも考えられなくもない。それに正しい英語であるストマックでは、ちょっと食べる気はしないだろう。

シーザーサラダのシーザーって
ローマの英雄とは無関係

シーザーサラダとはレタスをメインに、ガーリックオイルやパルメザンチーズをかけたサラダである。シーザーという名称から、ローマの英雄ユリアス・シーザー（ユリウス・カエサル）が考えだしたとか、彼の好物だったなどの説が言われたりもするが、ローマの英雄とはまったく関係はない。

では、このシーザーとは何であるか？

シーザーサラダが登場したのは、１９２４年のこと。メキシコのホテルのイタリア人経営者により考えだされている。彼の名は、チェザーレ・カルディーニ（Caesar Cardini）。これを英語読みすると、シーザー・カーディーニ、そしてホテルの名は、シーザーズ・パレスだった。当時のアメリカは禁酒法の時代であり、酒を求めて国境を越えてメキシコのこのホテルに多くのアメリカ人がやって来ていた。ある日、客が多すぎ、食材が足りなくなったため、チェザーレがありあわせの食材で思いついたのがこのサラダ。幸い、客に好評で、帰国したアメリカ人たちにより口コミで噂が広まった。そして、シーザーズ・パレスのサラダということで、シーザーサラダと言われるようになったということである。チェザーレはその後、オリジナルのドレッシングを発売し、ヒット商品としている。このドレッシングは今でも売られ、シーザーサラダは世界中で好まれている。

西京味噌の西京って 西京は明治以降にできた言葉

西京漬とは、白身魚などを白味噌に漬けたものを言う。この味噌が西京味噌。この味噌は京都の特産物であり、西京とは京都のことである。

京都は、794年（延暦13年）の平安京遷都以来、長い間、我が国の都であった。しかし、明治新政府が1869年（明治2年）に東京に遷都したため、都の地位を奪われてしまう。この頃、東京に対して、西の京ということで京都を西京と呼ぶことがあった。そこから、京都特産の味噌を西京味噌と言うようになる。西京という名称はほとんど使われなくなったが、西京味噌そして、西京漬の名前として現在でも生き残っているのである。

高野豆腐の高野って江戸時代、高野山みやげとして広まった

一度凍らせ、さらに乾燥させた豆腐を高野豆腐と言う。高野山の僧が考えだしたという説や、高野山の開祖空海が中国から持ち帰ったという説がある（そのほかに真田幸村が高野山に隠れている時に考案したという説もある）。

しかし、この呼び名はもともと関西地方でのものであり、東日本ではしみ豆腐とかこおり豆腐と言っていた。つまり、高野山だけでなく、各地で同様の豆腐が存在していたのだ。その中で特に高野山の名が付けられたのはなぜか？

江戸時代、高野山には何軒ものこおり豆腐屋があり、江戸から来た人たちも、これをみやげ物として持ち帰り、人気が高かった。それゆえ、この豆腐を高野豆腐と呼ぶようになったという次第である。ちなみに現在では、高野山に高野豆腐を売る店は一軒もなく、長野県でほとんどが作られている。

ポン酢の**ポン**って「ポン」＋「酢」ではない

ポン酢は、ユズやスダチなどの柑橘類に酢を加えたもので、鍋料理をはじめ、焼き物や揚げ物など、さまざまな料理に使われるほど、日本の食卓に欠かせない存在となっている。

このポン酢という名前は、「ポン」＋「酢」と書くことから、ポンという名前の何かが関係すると思われがちだ。しかし、ポン酢は「ポン」＋「酢」ではない。ポン酢は、オランダ語の柑橘類を意味するポンス（pons）から来ている。このポンスに、酸っぱい味からスに酢の字を当て、ポン酢になったのだ。つまり、ポンには意味はないし、酢も含まれていない。

竜田揚げの**竜田**って名前の由来はその色にあり

肉や魚に衣を付けて揚げた料理に竜田揚げがある。基本的には唐揚げと同じと考えてよいのだが、強いて違いを探せば、色だ。竜田揚げは、みりんと醬油などで下味を付けていることで、唐揚げよりも色が赤っぽくなっている。

その赤い色から、紅葉が連想され、さらに紅葉の名所である奈良県の竜田川の名前が付けられたと言われている。つまり、竜田揚げの竜田は、奈良県に流れる川から来ているのである。

チョコレートパフェの**パフェ**って パフェはフランス語の parfait

アイスクリームの上にフルーツやチョコレートソース、プリンなどを載せたものをパフェという。パフェはフランス語のパルフェが訛ったもので、スペルは parfait。つまり、英語の perfect（完全な）と同じ意味の言葉である。

なぜ、この食べ物をパフェ（parfait）と言うのか？

一説によれば、アイスクリームとフルーツなどの組み合わせから、完全なるアイスクリーム（perfect ice cream）と名付けられ、さらにフランスにパルフェ（parfait）というデザートがあり、その関連からパフェとなったと言われている。ちなみに、パルフェは生クリームを凍らせたもので、パフェとはまったく違うデザートである。

カフェラテの**ラテ**って
ラテはイタリア語だ

いわゆるカフェやコンビニなどでも売られていることから、「カフェラテ」も一般的になっている。この「ラテ」は、イタリア語のlatteであり、意味は「牛乳、ミルク」。つまり「カフェラテ」は、「カフェオレ」同様、コーヒーにミルクを入れた飲み物だが、コーヒーの種類とミルクの割合が違う。カフェオレは、普通のコーヒーを使い、コーヒーとミルクはほぼ同量だが、「カフェラテ」はエスプレッソコーヒーを使い、ミルクを多めに入れる。濃いエスプレッソを使う分、ミルクを多めに入れるのだ。

鴨なんばん、カレーなんばんの**なんばん**って
なんばんとは難波のこと、でもなぜ難波か

うどん、そばの種類に「なんばん」と呼ばれるものがあり、南蛮とも書く。例えば、「カレーなんばん」や「鴨なんばん」が代表だ。この場合のなんばんは、長ネギのことである。では、なぜ長ネギがなんばんなのか？

かつて、大阪の難波《なんば》は、長ネギの産地として知られ、ネギと言えば難波だった。そこから長ネギを難波と呼ぶようになった。この難波が訛ってなんばんとなり、音が近いことから南蛮の字が当てられたと考えられている。今でも関西では、鴨なんば、カレーなんばと言っているところが多い。難波説のほかにも、江戸時代に南蛮からやって来た外国人が長ネギを好んだからという説もあるが、いずれにしても、鴨なんばん、カレーなんばんのなんばんは長ネギのことであり、長ネギが少ししか入ってなかったら、看板に偽りありということになる。

ちなみに、唐辛子のことを南蛮辛子と言い、単に南蛮と略して言うこともある。魚や肉を唐辛子と長ネギの刻みを入れた甘酢に漬けたものを南蛮漬けと言うが、これは唐辛子に重点があると思われる。

鉄火巻きの**鉄火**って博打しながら食べたからと言われているが……

巻き寿司の一つである鉄火巻きの由来について、鉄火場で博打を打ちながら食べることができることから、この名が付いたという説がある。サンドイッチ伯爵がトランプをしながら食べるために考案したことから名前が付いたと言われているサンドイッチと同じ考えだ。この説を信じている人は多いようだ。しかし、これにも否定的な意見があるのは、他の言葉と同様である。

鉄火巻きだけでなく、単なるのり巻きも博打をしながら食べられるわけだし、逆に丼飯の鉄火丼は、博打をしながらでは食べづらいという考えが、否定の根拠だ。

もう一つの説が、巻かれている食材であるマグロに依拠する考えだ。鉄火とは、鉄が赤く燃えている様を言う言葉であり、マグロの赤身がこの色に似ていることから、鉄火と呼ばれるようになったという説である。現在では、鉄火場説よりもこちらのほうが有力となっている。

食パンの食って食べ物になぜ食が付いているのか？

食べ物であるパンに、わざわざ食と付けるのはなぜか？

食パンとは、いわゆるイギリス式の山型の白いパンであり、英語ではブレッドである。パンは、１５４３年（天文12年）、種子島に漂着したポルトガル人により、鉄砲とともに伝えられている。そのため、ポルトガル語のパン（pão）と呼ばれるようになった。新し物好きの織田信長は、当時、毎日のようにパンを食べていたと言われている。しかし、1612年（慶長17年）に徳川幕府がキリスト教を禁止したことで、パンを食べることも禁止されてしまっている。

幕末の1862年（文久2年）には、ロバート・クラークというイギリス人が横浜に「ヨコハマベーカリー」という店を開き、食パンを売り出しているが、主にイギリス人向けであり、日本人には普及することはなかった。

パンが日本人に食べられるようになったのは、1874年（明治7年）に木村安兵衛（木村屋創業者）が発明したあんパンからである。さらに1904年（明治37年）には相馬愛蔵（中村屋創業者）がクリームパンを発明。これら、いわゆる菓子パンが広く日本中に行き渡っていく。その後、食パンも食べられるようになっていくのだが、この際、主におやつ用だった菓子パンと差別化するために、食事用のパン、主食用のパンという意味で食パンと呼ばれるようになったと言われている。現在ではこの説が強いようである。

これとは違う説もある。その一つが、「本食《もと》パン」説。食パンが普及した頃に、これは西洋料理の基本《もと》の食べ物であるという意味で本食パンと呼び、本が省略され食パンとなったというわけである。現在でも、本食パンという名で売っている店もある。この本食パン説を採る人も多いようである。

俗説の一つには、「消しパン」と区別するために「食パン」と呼んだという説がある。明治時代、洋画が描かれるようになった当時、消しゴムの代わりにパンが使われ、消しパンと呼ばれていたのだが、これと対比するために、食べるためのパンだということで食パンと呼ぶようになったという説である。しかし、この説は現在では否定的な意見が多い。

サラダせんべいのサラダって
サラダは、洋風のイメージ

サラダせんべいとは、軽くて薄い塩味のするせんべいだが、このサラダとは何か？ サラダと言えば、野菜サラダだが、このせんべいは直接野菜サラダとは関係ない。塩味ゆえに、サラダにも塩をかけることとの連想で名づけられたと考えられるが、これも正解ではない。

サラダせんべいについては、亀田製菓のホームページに記載がある。これによると、このサラダは「サラダ油」のことだそうだ。１９６０年代頃、サラダ油をからめた塩味のせんべいが作られた時、洋風のイメージから「サラダ味」と名付けられ、一般的にサラダせんべいと呼ばれるようになったのである（現在の商品名は「ソフトサラダ」)。この戦略が功を奏して、全国的に人気を得て、今日ではせんべいの定番商品となっている。

柚子胡椒の胡椒って　ラーメンにかけるコショウではない

柚子胡椒は、最近では、多数の食品メーカーが瓶入りやチューブ入りを販売し、全国どこでも手にすることができる。この柚子胡椒という名称も一般的になり、ごく当然のごとく受け取っているが、この胡椒はいわゆるコショウのことではない。

柚子胡椒は、もともとは大分県日田市周辺から生まれた調味料であり、九州では古くから、鍋料理だけでなく、刺身、焼き鳥、味噌汁など幅広く使われていた。柚子胡椒とは、柚子の皮と唐辛子（特に青唐辛子）をおろして塩を混ぜたものであり、胡椒は唐辛子のことである。九州では、古くから唐辛子を胡椒と呼んでいるのだ。なぜ、九州では唐辛子を胡椒と呼ぶのかは確かではない。日本では、胡椒のほうが唐辛子よりも早く輸入されているが、九州ではなぜかあとから入ってきた唐辛子が胡椒になってしまったのだ。

せんろっぽんの**ろっぽん**って 漢字で書けば、六本ではない

大根の千切りをせんろっぽんと言い、漢字では千六本と書かれることがある。この漢字から、千六本のように細く切ることを意味すると考えられがちである。

しかし、千六本は当て字であり、もともとは、「繊蘿蔔」と書いた。蘿蔔とは、大根の中国語ロウブであり、和名のスズシロの漢字表記でもある。また繊は、細いという意味を持つ。つまり、センロウブは、大根を細く切るという意味だ。現在では、千六本とは千切り全般の意味で使われ、大根だけでなくニンジンなど他の野菜の場合にも使われるが、本来の意味を考えれば、この言葉は大根にしか使えないのであり、ニンジンの千六本というのは間違いということになる。

コッペパンの**コッペ**って 日本で生まれ、日本人が名付け親

かつては学校給食によく出され、もっと古くは戦争中の配給でもあったコッペパンは年配の日本人にとっては、郷愁を呼ぶ食べ物である。現在でも、ごく普通に食べら

れ、その存在と名前は誰でも知っているが、その名のコッペとは何かを知っている人は少ないだろう。

実は、コッペパンは日本で考案されたパンであり、名前も日本で付けられている。コッペとは「切った」という意味のフランス語クーペ（coupé）から来ていると言われている。フランスにもクーペという名のパンがあり、コッペパンとは材料は違うのだが、見た目が似ているために、クーペパンと名付け、それがコッペに変化したというわけである。

バラ肉のバラって　バラは身近な言葉の省略形

豚肉や牛肉の部位の一つであるロースは英語のroastであり、ローストしやすいことから来ている。ヒレはテンダーロインという英語の別名を持っていることから日本語と思っている人も少なくないが、これは英語のfillet（フランス語ではfilet）であり、大腰筋のことである。

同様にバラを英語だと思っている人もいるだろう。しかし、バラ肉のバラは日本語である。それも身近な言葉だ。

バラ肉は、胸から腹にかけての骨に付いている肉だ。胸から腹にかけての骨、つまりあばら骨についているから、バラ肉と言う。そうバラ肉のバラはあばらのばらなのである。

明太子の明太って新幹線開通が明太子を全国区にした

かつては福岡みやげでもらった時しか食べられなかった辛子明太子だが、現在では全国どこでも容易に買うことができるようになった。それゆえ、辛子明太子はポピュラーになり、誰もがその名を知っている。もともと辛子明太子は、朝鮮半島の伝統的食品であり、半島と交流が盛んだった福岡県、山口県あたりでは戦前から輸入され、食べられていた。１９４９年（昭和24年）、福岡のふくやが商品化したことでより一般的となり、１９７５年（昭和50年）に山陽新幹線が博多まで開通したことにより、全国区となった。そのため、日本では辛子明太子と言えば福岡というイメージができたのだ。

ところで、辛子明太子の辛子は唐辛子のことであるが、明太は何か？　これは朝鮮語であり、スケトウダラのことである。つまり、スケトウダラの子（卵）に唐辛子をまぶして作るので、この名前が付けられたのである。ちなみに、明太子だけではたらこのことであり、福岡では必ず辛子明太子と呼ぶ。

ねぎまのまって「ねぎ」＋「間」は間違い

ある言葉が間違って使われるうちに、いつの間にかそれが広まってしまうことがある。例えば、「一所懸命」の誤用であった「一生懸命」が今では正解とされ、辞書にも載っている。これと同じことが「ねぎま」にも言える。

現在、「ねぎま」と言えば、焼き鳥の一種を思い浮かべる人が多いだろう。鶏肉と長ネギを交互に挟んだものだ。この「ねぎま」を漢字で書けば「葱間」となり、「ま」は間ということになる。しかし、以前は（少なくとも20年ほど前）、この形式の焼き鳥を「ねぎま」と呼ぶことはなかった。単に焼き鳥と呼んでいた。

「ねぎま」という名称の食べ物は古くから存在する。それは、長ネギとマグロの入った鍋で、江戸時代から食べられていた。つまり、ねぎまのまはマグロのまだ。しかし、近年、あまり一般的な食べ物ではなくなり、同時に「ねぎま」という言葉も死語となりかけていた。それがいつからか、焼き鳥のことを言うようになったのだ。

「ねぎま鍋」と違い、焼き鳥は誰でも食べたことのあるなじみ深いものだったことから、「ねぎま」という呼び方もあっという間に一般的になってしまったのだと推測できる。

てっちりの**て**って
当たると死ぬことから名づけられた

関東ではふぐの鍋を「ふぐちり」、刺身を「ふぐさし」と言うが、関西ではそれぞれ「てっちり」「てっさ」と言う。この「てっ」は鉄のことである。「鉄ちり」「鉄さ」が訛って「てっちり」「てっさ」となったのだ。

そして、この「鉄」は鉄砲のことであり、鉄砲は「ふぐ」を意味する隠語だ。猛毒のふぐは当たると死ぬことから、鉄砲と呼ばれているのだ。「鉄砲の刺身」が「てっぽうさし」に、さらには「てっさ」になり、同様に「てっぽうのちり鍋」が「てっちり」になったのだ。

シベリア菓子の**シベリア**って
100年の歴史を持つ日本製の菓子

羊羹をカステラで挟んだ菓子をシベリアと言う。その歴史は意外と古く、明治末期にはこの世に生まれ、以来100年以上、日本人に愛されているのである。

このシベリアの語源については諸説あり、定説とされるものはない。例えば、「真ん中の黒い羊羹をシベリア鉄道に見立てた」という説、あるいは「亡命してきたロシア貴族が作った」という説、「見た目がシベリアの凍土に似ている」という説、「最初に作った喫茶店の名前がシベリアだった」という説など。また「シベリア出兵の年に生まれたから」という説もあるが、それ以前にはすでに生まれていることから、否定的な意見が多い。

南高梅の南高って南高は南と高を合わせたもの、その意味は？

梅の中でも最高級品なのが「南高梅」だ。果肉が柔らかく、崩れにくく、特に梅干しは絶品とされている。この「南高梅」が生まれたのは、それほど昔のことではない。

和歌山県は、1950年（昭和25年）、梅の優良品種を統一することにし、5年間の調査を経て、1954年（昭和29年）に「高田梅」を最優良品種に認定した。この際、この調査に尽力したのが、竹中勝太郎という高校教師とその教え子の和歌山県立南部《みなべ》高校園芸科の生徒だった。竹中は、「高田梅」に新たに名前を付けることにし、考えられたのが「南高梅」である。「高」は元の品種である「高田梅」から取られているが、「南」は、竹中の勤務先「南部高校」の「南」が取られている。

つまり、「南高梅」「南高」は南部高校の南と、元の品種「高田梅」の高を合わせた言葉なのである。

ショートケーキの**ショート**って日本のショートケーキは、本来の意味とは違うものに

スポンジケーキの上にホイップクリーム、さらにその上にイチゴが載っているショートケーキは、日本人にとっては最もなじみの深いケーキだ。ある年齢より上の世代には、ケーキと言えばこのショートケーキを思い出す人も多いことだろう。

このショートケーキのショートを、短いのショートだと思っている人も多いのではないだろうか？　確かに、このケーキはいわゆるホールではなく、カットされている状態のイメージが強く、ホールに比べると小さいことから、ショート＝小さい（短い）という連想もわからないわけではない。

しかし、ショートケーキのショートは、「短い」ではない。

ショートケーキは、日本では土台にスポンジケーキを使っているが、アメリカではクッキー（英国ではビスケット）を使っている。クッキーは、小麦粉に砂糖やショートニングという食材を混ぜて作っている。このショートニングは、さくさくした食感をつくるのに使われる。そこからショートには、「（食べ物が）さくさくしている、ぼろぼろする」という意味がある。アメリカではクッキーを使っていることから、このケーキをショートケーキと言う。つまり、ショートケーキのショートは「さくさくしている」という意味なのである。ところが、日本人にはクッキーより好まれるというう理由でスポンジケーキが使われたので、本来の意味とは違うものになっている。

久助せんべいの久助って元は高級品だった？

割れたり欠けたりして不完全なせんべいやあられを「久助（九助とも書く）」と言う。本来売り物にはならないが、これだけを集めて袋詰めにして「久助せんべい」として安く売られ、人気がある。もとはせんべいなど米菓で使っていたが、最近ではクッキーやチョコレートなどでも使われている言葉だ。

この「久助」の由来にも、「十ではない（＝完全ではない）」ということで「九助」と呼ぶようになったなど諸説がある。その中で最も有力とされているのが、「久助葛」から来たという説。江戸時代に高木久助という人が作る葛餅（現在でも売られている）が高級品として知られ、久助が葛餅の代名詞となった。そこから久助→葛→くずとなり、くずを久助と呼ぶようになったというものである。米菓業界ではこの説を採る人が多いようだ。

大正海老の**大正**って大正時代は関係あり、なし？

日本人は世界中のエビの4分の1を食べると言われるほどのエビ好きであり、小さなサクラエビから大きな車エビまでさまざまな種類が食べられている。その中で、天ぷらやフライにするとおいしいのが大正海老だ。この大正海老は、大正時代に輸入されたことから、この名がついたという説があるが、これは正しいとは言えない。大正海老は、大正11年に林兼商店と共同漁業（現在のニッスイ）の2社が興した共同事業会社が、中国から輸入を始めている。この会社の名前が大正組だったことから、このエビも「大正海老」という名前で販売されたのである。ちなみに、大正組という社名は、年号である大正から付けられているので、大正海老の大正は大正時代の大正という説もあながち間違いとは言えないだろう。

カルボナーラの**カルボ**って ふりかける黒コショウがヒント

イタリア料理の人気が高まり、さらにスパゲッティ専門店も数多くあることから、最近ではカルボナーラも一般的になった。ところで、カルボナーラという名前が、その見た目の特徴から名付けられていることは知っているだろうか？

カルボナーラは、炒めたベーコンと卵黄とチーズ、そして生クリーム（使わないこともある）を混ぜ合わせたソースにパスタをからめ、表面に黒コショウをふりかける。この黒コショウが名前に関係している。カルボナーラは、「炭焼き（職人）風パスタ」という別名を持つが、これは表面にかけられた黒コショウを、炭焼き職人の体から落ちた炭に見立てて付けられている。つまり、カルボナーラ Carbonara のカルボは、木炭を意味するカーボン Carbon なのである。

ちりめんじゃこの**ちりめん**って広げて干した様子から名付けられた

ちりめんじゃことは、イワシの稚魚を煮てから天日に干したもののこと。関東ではシラス干しとも言う。この名前のうち、じゃこは、小魚を指す「雑魚《ざこ》」が変化したものであるが、ちりめんは何か？

ちりめんは、時代劇ファンにはおなじみの言葉だろう。かつての人気番組「水戸黄門」の主人公である水戸光圀が日本中を歩くために身をやつしたのが「越後のちりめん問屋の隠居」だった。ちりめんとは、絹織物の一種で表面にしぼ（凸凹）があるのが特徴である。ちりめんじゃこは、小さな魚を広げて干した様子が、このちりめんに似ているということで名前が付けられている。

冷や奴の**奴**って四角い形が似ていることから付けられた

豆腐をそのまま出して、醬油につけて食べるものを冷や奴と言う。暑い夏には、この冷や奴をさかなに冷たいビールに限るという人も多い。

なぜ、何も調理していない状態の豆腐を冷や奴と言うのか？

奴とは、江戸時代、武家の中で最も身分の低い下僕である。この奴が、大きな四角形を染めた半纏を着ていたのだが、この四角形が豆腐の形に似ていることから、豆腐を奴豆腐、あるいは略して奴と言うようになる。さらに冷やしたものを冷や奴、温めたものを煮奴（あるいは温奴）と言うようになったのだ。

かやくご飯の**かやく**って かやくのかは加、ではやくは？

米にたけのこや栗などの具材を混ぜ、醬油や出汁で味付けて炊いたご飯をかやくご飯と言う。主に関西で使う言葉であり、関東では五目ご飯と言うことが多い。カップうどんをよく食べる人は知っていると思うが、かやくはご飯だけでなく、うどんやそばにも使われている。かやくは漢字で書くと加薬となる。薬とは何かと言えば、薬味のことである。つまり、ご飯やうどんに薬味を加えることから、加薬味、略して加薬となったのである。

まな板の**まな**って
昔はあるものを調理するためのものだった

野菜を刻んだり、肉を切ったり、料理をする時になくてはならないのがまな板だ。このまな板の歴史は古く、弥生時代にはすでに使われ、平安時代初期にはまな板という名称も使われていたと言われている。それだけ長く、日本人に慣れ親しまれているまな板だが、この「まな」の意味もあまり知られていない。まあ意味を知る必要もないほど、当たり前の存在になっているということかもしれないが。

「まな」を漢字で書けば、「真魚」となる。この字からもわかるように、もともとまな板は、魚を調理する時に使われていたのである（ちなみに「真」は、「本当の」とか「良い」という意味の接頭語）。その後、魚以外の調理にも使うようになったが、名前はそのまま「まな板」が使われている。

タルタルソースの**タルタル**って
これを作った民族の名前が由来

マヨネーズに、タマネギ、ピクルス、ゆで卵などのみじん切りが入ったソースをタルタルソースと言い、魚・肉料理など幅広く使われている。タルタルは英語ではtartar、フランス語ではtartareと書く。tartarを辞書で引くと、「タタール人」とある。タタール人とは、ロシア領内に広く住む民族だが、彼らは牛や馬の肉を生で食す習慣があり、これがヨーロッパに入って普及した。タタール人のステーキということで「タルタルステーキ」と言われるようになり、それにかけるソースをタルタルソースと呼んだのだ。

シュークリームのシューって靴ではないシューって何だ

シュークリームとはフランスの菓子で、正式名称は「シュー・ア・ラ・クレーム(chou à la crème)」と言う。シュークリームはいわゆる和製英語。クリームが英語なので、シューも英語だと思っている人もいるかもしれないが、もしそうならシュークリームは靴クリームになってしまう。シューはフランス語だ。つまりこの言葉、フランス語＋英語というへんてこな形になっている。フランス語のシュー(chou)はキャベツのことである。シュークリームの焼き上がった形が、キャベツに似ているということで、この名前が付いたのである。

パウンドケーキの**パウンド**って昔の日本人はパウンドとは聞こえなかった

パウンドケーキはバターケーキの一種。バター、小麦粉、砂糖、卵の四つの材料を同量使用して作られている。一般的に、量は各1ポンドとされている。このポンドを英語で書けば、poundとなる。単位のpoundは、例えば「ヤード・ポンド法」などのように、日本語では「ポンド」とされているが、より正しい発音は「パウンド」となる。つまり。パウンドケーキは材料の分量が1ポンドだったことから、付けられた名前なのだ。もし、これが「ポンドケーキ」だったら、あまり人気にならなかったかも？

バウムクーヘンの**バウム**ってその形から名前が考えられた

日本でも人気のバウムクーヘンはドイツの菓子であり、その名前もドイツ語である。バウムクーヘンはバウムとクーヘンに分けられ、バウム（baum）は樹木のことである。その形が樹木の年輪に似ていることから、バウムの名が付けられたのだ。ちなみにクーヘン（kuchen）とは、ケーキのことだ。

オムレツのオムって王様が命名者？

オムレツは日本特有の名称で、フランス語ではオムレット（omelette）。lette は、名詞について「小さい」を意味する指小辞（または縮小辞）だと言われている。つまり、omelette は小さい ome ということになる。そうではなく leste が変化したという説もある。leste は素早いという意味だ。

では ome はと言うと、これは男を意味する homme が変化したものである。つまり、オムレツは「小さい男」あるいは「素早い男」のどちらかとなるのだが、「小さい男」は由来がよくわからない。「素早い男」のほうは、何か料理を注文した王様が、調理の早さに感心して「Quel homme leste!（なんて素早い男だ）」と言ったのが始まりだという逸話が残されている。いずれにせよ、オムは男（homme）であるのは確かである。

ごちそうのちそうって食材を走って集めるから、ごちそうなのだ

「ごちそう」を漢字で書くと「ご馳走」となる。「馳」は「速く走る」とか「(特に馬を) 走らせる」という意味がある。要するに「馳走」とは「速く走る」ということだ。

現在では、スーパーやコンビニなどで手軽にいろいろな食材が手に入るが、昔は良い食材を手にするためには、あちこちに行かなくてはならず、それもイキの良いうちに持って帰るためには速く走らねばならなかった。そこから、「これだけの料理を作るために、速く走り回りましたよ」という意味で「馳走」と言われるようになった、と考えられているのである。

あべかわ餅のあべかわって徳川家康が命名した由緒正しい名前

つきたてのまだ柔らかい餅を小さめに切り、きな粉とこしあん、白砂糖などをかけたものを「あべかわ餅」と言う。今では日本全国で食べられているが、もともとは静

岡の安倍川のあたりのものであり、それゆえ、「あべかわ餅」という名前が付けられている。しかし、最初からこの名前があったのではなく、この名前になったのには、あるエピソードがある。

江戸時代初期の慶長年間、井川（現在の静岡市葵区）にあった笹山金山に視察に訪れた徳川家康が、安倍川のほとりで休憩を取った際、ある男が餅を差し出した。家康は男に餅の名を尋ねたところ、機転を利かした男は「安倍川に流れてきた金の粉をまぶしてつくるので、金な粉餅」と答え、それを聞いて家康はたいそう喜んだという。この話から、この種の餅のことを「安倍川餅」と言うようになったと、言い伝えられている。

ういろう菓子のういろうってこの菓子を日本に伝えた人の名前

羊羹に似た和菓子に、「ういろう」がある。名古屋にこれを売る店が多くあり、名古屋の名産とされている。しかし名古屋発祥というわけではなく、博多、京都、あるいは小田原など、発祥の地とされている場所は多い。

そもそも「ういろう」とは、中国は元の時代に薬を調達する役目の「礼部《れいぶ》員外郎《いんがいろう》」

という官職のことである。この役職であった陳宗敬（別名・陳外郎《ういろう》）という人物が、元が明に滅ぼされた時に日本に亡命し、元の薬の作り方を日本人に伝授した。その薬を、陳の名前から「外郎薬《ういろうやく》」と称した。その陳の子孫はその後、姓を「外郎《ういろう》」と名乗った。その中の一人が菓子作りも伝授したのだが、その菓子が「外郎薬」に似ていたことから「外郎菓子」と呼ばれたのである。いずれにせよ、「ういろう」とはそれを日本に伝えた中国人の名前ということである。

ハヤシライスのハヤシって早矢仕有的は関係ありやなしや

ハヤシライスに関しては、古くから早矢仕有的《はやしゆうてき》考案説というのがある。考案者の早矢仕の名前を取ってハヤシライスとなったという説であり、これを信じている人も多いのではないだろうか？　早矢仕有的とは、幕末から明治にかけて活躍した医師であり、丸善の創業者として知られている実業家でもある。この早矢仕が丸善創業当時、牛肉と刻んだ野菜を煮込み、ご飯にかけたものを従業員の賄い飯として出した。これがハヤシライスの始まりであるというのである。

丸善自身は『丸善百年史』の中でこの説を「話ができすぎている」と否定的な意見

を述べ、「ハッシュド・ビーフ」が訛ったものだという説を紹介している。現在では、この「ハッシュド・ビーフ」説が有力とされ、多くの辞書もこれを採っている。しかし、丸善は、１４０周年記念としてハヤシビーフやハヤシポークの缶詰を販売しているのだが、これを紹介しているホームページで「早矢仕有的がハヤシライスを考案したとされる」という一文を載せている。また、早矢仕有的の関係者の中には有的考案説を強く信じている人も多い。「ハッシュド・ビーフ」説にも疑問の声があり、確定的とするには少々弱いと言えるだろう。

きゃらぶきのきゃらって何やらものものしい名前ではあるが……

一度煮たふきを醬油や砂糖などで煮詰めた食べ物を「きゃらぶき」と言う。「きゃら」とは中国語から来た言葉であり、漢字では「伽羅」と書く。この漢字を見ると、重々しげな雰囲気があるが、意味は単に「黒い色」であり、元は梵語から来ている。日本の伝統色の一つに伽羅色があるが、これは「濃い茶色」であり、黒に近い色である。また伽羅という名のものに、最高級の香木があるが、これも色が黒いことから名付けられている。この料理も、醬油を使って煮詰めることで黒くなることから、この名前が付いたのである。

番茶の**番**って普段飲むお茶だから、この名前が付いた

番茶とは、煎茶用の葉を摘んだあとに残った、まだ若かったり、固かったりする葉を使ったお茶のことを言う。この「番」には、番号を付けられて並んでいるようなものということから、「普通の」とか「日常的な」という意味がある。「番傘」や京都の「おばんざい（御番菜）」の「番」もこの意味。つまり、「特別なもの」「高級品」ではなく、「日常的に飲むお茶」ということから、「番茶」という名前が付けられたと考えられている。

一説では、もともとは「晩茶」と書いたのが変化して「番茶」となったとも言われている。「晩茶」とは「煎茶」など高級な一番茶、二番茶のあとに遅くまで残ったお茶という意味である。いずれにせよ、「番茶」とは、「日常的なお茶」という意味があるのだ。

刺身のつまのつまって女性が怒りだす、その由来

刺身に添えてある大根の千切りや海藻などを「刺身のつま」と言う。漢字で書けば「妻」である。これは、メインである刺身を「夫」に見立て、そのそばに寄り添っている存在ということで「妻」という名が付いたのだ。刺身とは主従関係にあることは確かだが、「刺身のつま」には、「取るに足らないつまらないもの」という意味もあり、現在では女性陣に怒られそうなネーミングと言えるだろう。

べったら漬けのべったらって麹がその名の原因だ

毎年10月19、20日に東京・日本橋で開かれるべったら市では、大根の漬物が売られ、名物となっている。この漬物が「べったら漬け」だ。「べったら市」で売られるから「べったら漬け」と言う、わけではない。

「べったら漬け」は、大根を麴や砂糖で漬けたもので、表面が麴の影響で粘り気があるのが特徴。その粘り気が、べたべたしていることから、「べったら漬け」と言われ

るようになった。べったら市は、ここで売られる「べったら漬け」が人気を呼んだことから、べったら市と言われるようになったのだ。

ナスのしぎ焼きのしぎってしぎとはある動物の名

ナスの田楽には、「しぎ焼き」という別名がある。この料理は、ナスに油を塗って焼き、味噌を付け、ケシの実をかけたものだが、その形が「しぎ焼き」という料理に似ていることから、ナスの田楽も「しぎ焼き」と呼ばれるようになった。

「しぎ焼き」とは、足利時代の文献にすでに登場しているほど古い料理である。もともとは、ナスの実の部分をくり抜いたものを器にし、そこに鴫《しぎ》の肉を載せ、味噌を付けて焼いたものが「しぎ焼き」である。それが、次第に鴫《しぎ》の肉ではなく、ナスそのものを焼いたものを「しぎ焼き」と呼ぶようになったと言われている。鴫はあまりポピュラーな存在ではないが、この料理によって名を知られている。

バッテラ寿司のバッテラって確かに形はそれに似ている

棒寿司の一種にバッテラ寿司（単にバッテラとも言う）がある。「バッテラ」とは、ポルトガル語のバッテーラ（bateira）から来ている。バッテラ寿司は、寿司飯の上に、塩と酢で締めたサバが載っているものだが、その形がバッテーラに似ていることから、この名が付いたと考えられている。その形とは、船だ。つまり、バッテーラとはポルトガル語で船を意味する言葉なのだ。

たぬきそばのたぬきって天かすが載っているのがミソ？

天かす（揚げ玉）の載っているそば・うどんをなぜ「たぬきそば（うどん）」と言うのかについては、いくつかの説がある。

まず、「きつね」に対して「たぬき」が付けられたというもの。油揚げを載せたものを「きつね」と言うが、これはきつねが「油揚げ」好きと言われていることからその名が付いた。そこから「きつね」に対して「たぬき」の名前が付けられたというものだ。この場合、単なる語呂合わせで「たぬき」には意味がないことになる。

これに対して「種のない天ぷらのかす」を載せることから「種抜き」が訛って「たぬき」になったという説もある。そば屋の団体である（社）日本麵類業団体連合会／

全国麵類生活衛生同業組合連合会のホームページでは、この「種抜き」説を採っているので、こちらが有力と考えてよいのではないだろうか。

ちなみに、関東ではそばもうどんも「天かす」の載っているものを「たぬき」、油揚げの載っているものを「きつね」と言うが、関西では、油揚げの載っているうどんを「きつね」、そばを「たぬき」と言う。関西では、天かすは無料で提供されていることが多いので、名前を付ける必要がないのかもしれない。

柳川鍋の**柳川**って九州柳川の名物と言われているが……

土鍋でどじょうとささがきごぼうを甘辛く煮て卵でとじたものを「柳川鍋」と言う。柳川と言えば、福岡県の柳川市を思い出す。「柳川鍋」の名前の由来もこの柳川だという説があるが、それは料理そのものではなく、最初に使われた土鍋が柳川産（柳川焼）だったからというものだ。柳川市や柳川市観光協会などのホームページを見ると、市の名物として「柳川鍋」が紹介されている。

しかし、定説とされているのが、最初に始めた店の屋号が「柳川」だったからというもの。天保年間（１８３０〜１８４４年）初期、江戸横山同朋町（現在の東日本橋あたり）にあった店がどじょう鍋を始めたところ、評判を呼び、各地に広まった。そして、その店の名「柳川」を取り「柳川鍋」と呼ばれるようになった、と言うのである。

もんじゃ焼きのもんじゃって もんじゃ焼きは文字焼き？

関西のお好み焼きに対して、東京の粉物食べ物を代表するのが「もんじゃ焼き」である。現在では「もんじゃ焼き」屋も多数存在しているが、一時、「もんじゃ焼き」は東京下町などのごく一部でひっそりと息をしているような時期があった。それがバブル期に中央区月島の「もんじゃ焼き」が注目されたのをきっかけに、全国的にその存在が知られるようになった。

「もんじゃ焼き」は、お好み焼きなどに比べて水分が多いことが特徴。子どもたちはこの水分を鉄板にたらして、文字を書いて遊んだ。そこから、「文字焼き」が訛って「もんじゃ焼き」となったと言われている。異説もあるのだが、多くの書物はこの「文字焼き」転訛説を採っている。

みたらし団子の**みたらし**って見た目は名前とは無関係

串に刺した団子の上に砂糖醤油のあんをたらしたものを「みたらし団子」と言う。あんをたらしていることが名前の由来のように考えられるが、その形状は名前とは関係ない。

「みたらし団子」は、京都は下鴨神社境内の糺《ただす》の森の茶屋が発祥の地と言われている。下鴨神社境内を流れる川で口をすすいだり、手足を洗うと無病息災になると言われ、多くの参拝客を集める。手を洗う行為からこの川には御手洗川《みたらしがわ》という名があり、同様にこの団子にも「みたらし団子」の名が付けられたのである。

フルーツポンチの**ポンチ**ってインドの飲み物が最初

フルーツポンチとは、洋酒をベースにその中に数種の果物と甘いシロップを入れた飲み物で、カクテルの一種である（日本では酒の代わりに炭酸を入れる場合もある）。「ポンチ」は英語の「パンチ（punch）」が訛ったものであり、「パンチ」はヒンドゥー語の「パーンチ」に由来する。この「パーンチ」は「五つの、5種の」という意味である。もともとインドに砂糖、紅茶など5種類の材料を使った飲み物があり、それをもとに「フルーツポンチ」が作られたのだ。

コンビーフのコンって コーンが詰まったもの

コンビーフは、日本では古くから缶詰の食べ物として親しまれているので、缶詰のイメージが強い。このコンはcan（缶）が訛ったものと考える人もいそうだが、canではない。コンはコーンが詰まったものだ。コーンと聞いて最初に思い出すのは、トウモロコシのコーン（corn）だろう。コンビーフは英語ではcorned beef。このcornedはcornの形容詞形だ。しかし意味としては「トウモロコシ」は関係ない。cornには、「トウモロコシ」以外に、「穀物」「粒」などの意味があり、さらにcornedと形容詞形になると「塩漬けされた」という意味になる。つまり、コンビーフは「塩漬けされた牛肉」という意味なのである。

小倉あんの小倉って見た目が鹿の背中に似ているから？

あんこの一種に小倉あん（単に小倉とも）があり、アイスや羊羹などに使われ人気が高い。小倉あんは、元はこしあんに小豆の粒を混ぜたものだが、その見た目が鹿の背中の文様に似ていると言われている。そして、そこから鹿がたくさんいることで知られる京都の小倉山が連想され、このあんこに「小倉」の名前が付けられたのである。

今川焼の今川って今川義元語源説は俗説だ

小麦粉や卵を水で溶いたものを焼き、中にあんこを入れたものは、各地で見られ、その呼び名も土地によって違うが、関東では今川焼と言う。この「今川」を、表面の模様が今川家の家紋に似ているからなど、戦国大名である今川義元に由来するという説があるが、俗説にすぎない。

「今川焼」の「今川」は、この菓子を最初に作って売り出した店が江戸は神田の今川橋近くにあったことから、付けられたのである。この菓子はうまく、全国的に広がったが、今川焼の名は全国的にはならず、土地土地で独特の名前が付けられている。

懐石料理の懐石って禅宗から来た言葉

懐石料理は、もともとは茶の湯の席で出される料理のことを言い、会席料理と書いた。本来は、濃い茶の刺激を和らげるために出されたもので、質素なものであったが、近世中期頃に一般の料理屋でも「会席料理」と称する料理を出すようになり、それも贅をこらすようになってしまった。そのため、茶の世界側が、「会席」の字を嫌い、「懐石」を使うようになったと言われている。「懐石」とは、修行僧が空腹や寒さを紛らわすために、焼いて温めた石（温石と言う）を懐に入れたことから、禅宗で料理を意味する言葉として使われていた。つまり、「懐石」だけで料理の意味があるので、「懐石料理」は、「馬から落馬」と同じ重言なのだ。

いかもの食いのいかって「烏賊」でも「以下」でもない「いか」

虫やヘビなど、普通は食べないようなものを食べることを「いかもの食い」と言う。「悪食《あくじき》」や「下手物《げてもの》食い」と同じ意味だ。この「いか」は、「食べ物以下」の以下ではないし、ましてや「烏賊」でもない。

「いか」は「如何」である。「いかもの」は、「如何がなものか」を省略したもので、「それを食べるのは、如何がなものか」と疑問に思われるようなものというような意味になる。ちなみに「いかさま」の「いか」もこの「如何」であり、「いかにもそうだと思わせること」というのが元の意味だ。

三平汁の三平って三平とはこれを作った人の名前？

北海道の郷土料理の一つに「三平汁」がある。サケ、ニシンなど魚の塩漬けや粕漬けと野菜を入れて煮た汁で、寒い冬に食べると体が温まる料理だ。「三平汁」は1789年に書かれた『東遊雑記』という本の中にも紹介されているので、今から200

年前には作られていたことになる。

この「三平」の由来については、いくつかの説がある。例えば、有田焼の三平皿に盛るからだという説もあるが、これには疑問が残る。その中で有力と考えられているのが、北海道・松前藩士の斎藤三平が考えだしたというものだ。また、松前藩主が狩りに出た際に休憩した家の主人がもてなしたという説や、津軽藩士が北海道に渡って考えたという説もある。主人の名も津軽藩士の名も三平とされていることから、「三平汁」の「三平」は作った人物の名前だと考えられている。

しば漬けのしばって
しば漬けとは野菜と赤じそを漬けたもの

きゅうり、なす、みょうがなどの野菜を細かく刻んで赤じそと一緒に漬けた食べ物を「しば漬け」と言う。この「しば漬け」にはある逸話がある。平清盛の娘である建礼門院徳子が平家滅亡後、京都大原の寂光院でひっそりと暮らしていた時、地元の人が作った「しば漬け」の紫色に喜んだと言われている。当時、紫色は高貴な人しか許されず、徳子は身につけることができなかったからだ。

今では「柴漬け」と書かれることが多いが、昔は「紫葉漬け」と書いていた。「紫葉」とは「紫蘇葉」が短くなったもの。つまり、「しば漬け」の「しば」は「紫蘇の葉」ということである。

田作りの**田**って豊作を願う食べ物だからおせち料理になった

「田作り」は、おせち料理の一つで、イワシを砂糖や醤油などで煮詰めたものだ。この料理をなぜ、「田作り」と言うのか。かつてイワシは大量に獲れたので、余ったものは田んぼの肥やしとして利用されていた。そのため、イワシのことを「田を作る」↓「田作り」と言うようになった。「田を作る」から「豊作を願う」食べ物とされ、おせち料理の一つになったのだ。

チキンナゲットの**ナゲット**ってそんな意味とはつゆ知らず

一口大の鶏肉に衣を付けて揚げた「チキンナゲット」は、ファストフードで売られているほか、冷凍食品もあり、子どもや若者に人気が高い。そのため、「ナゲット」と言えば、この食べ物のことだと考える人も多いだろう。

実は「ナゲット（nugget）」には、「貴金属の塊（特に天然の）」という意味がある。「チキンナゲット」の揚げた色が「貴金属の塊」に似ていることから、「ナゲット」と名付けられたのである。

レトルト食品のレトルトって
レトルト食品は日本だけで通用する名前

お湯に入れて温めたり、電子レンジでチンするだけで簡単に食べられるレトルト食品は、どの家庭でも常備されているほど人気が高い。レトルト食品は１９５０年代にアメリカ陸軍が携帯食として開発を進め、１９６９年にアポロ11号の乗組員のための宇宙食として積み込まれたことにより、広く知られるようになった。日本では１９６８年（昭和43年）に大塚食品が「ボンカレー」を発売したのが、家庭用レトルト食品の始まりであり、以後、その便利さから次々と新商品が登場し、現在では５００種類以上もあるとか。

レトルト食品は広く知られているが、実は日本だけで使われている名前だ。そもそも「レトルト食品」は、「加圧加熱殺菌装置」に入れて殺菌された袋状のパウチに入れられた食品のことである（パウチだけでなくトレー状容器のものもある）。「レトルト」とは、この「加圧加熱殺菌装置」のことだ。もともと、科学の実験で蒸留や乾留をするためのガラス製の器具をレトルトと言い、そこから「加圧加熱殺菌装置」にもレトルトの名が付けられている。ちなみに英語ではPascalizationと言うが、これはフランスの哲学者・物理学者のパスカルにちなんでいる。

ソルティドッグのドッグって
ドッグには「犬」以外の意味がある

カクテルの一つであるソルティドッグは、ウォッカとグレープフルーツジュースを混ぜたものだ。このソルティは「塩」であるが、ではドッグは「犬」？

英語のドッグには、「犬」に加えて、「奴、男」という意味がある。つまり、ソルティドッグを直訳すれば、「塩っぽい男」。そこから英語の俗語でソルティドッグには、「甲板員」という意味がある。そして、グラスの縁に塩を載せるこのカクテルが「海の上で塩まみれになって働く甲板員」をイメージさせることから、この名が付いたのだ。

割烹着《かっぽう》の割烹って割烹料理は本来間違った言い方だ

料理をする際に着用する和服用のうわっぱりを「割烹着」と言う。それ故、「割烹」が料理に関係することはわかるが、では「割烹」そのものの意味は何か？「割」は包丁を使って切る、裂くことを表し、刺身など生で食べる料理を作ることを意味する。一方の「烹」には煮るという意味がある。つまり、「割烹」は料理と同じ意味であり、料理より古く使われていた。割烹＝料理なので、割烹料理屋などという使い方は本来は間違いなのだ。

第5章

動物・植物・天候に関する言葉

ピーカン晴れのピーカンって諸説あり、いずれも捨てがたい

雲一つなく陽がさんさんと降り注ぐような空模様をピーカン晴れと言う。このピーカンの語源には、いくつかの説がある。最も有力と考えられているのが、「(たばこの)ピース缶」を略したものという説だ。この缶の色は、真っ青であり、そこから青空を「ピースの缶のよう」からピーカンとなったというわけである。50本入り缶入りピースは1949年(昭和24年)7月の発売であり、この説が正しければ、ピーカンという言葉は1949年以降に生まれたということになる。

語源がはっきりしない他の言葉と同様に、これにも異説がいくつかある。例えば、空が完全な状態ということから「パーフェクト・コンディション」と呼び、それが略されて「パーコン」、さらにそれが訛って「ピーカン」になったというもの。

また、「晴天の日はピントが完全に合いやすい(あるいは、多少ピントが甘くてもはっきり写る)」ということから、映画の撮影現場で「ピントが完全」を略して「ピーカン」と呼ばれるようになったという説もある。

扁桃腺の**扁桃**って
扁桃腺に形が似ている果物の名前

喉の奥にある扁桃腺（正しくは扁桃）、小さい時に腫らした経験がある人も多いだろう。言葉自体はポピュラーな存在であるが、よく考えれば、この扁桃という言葉は、ほかでは使われないし、その意味も知られていない。

字を分析すれば、扁は薄く平たいという意味がある。つまり、扁桃は薄く平たい桃のことである。では、「薄く平たい桃」とは何か？　その答えは、アーモンドだ。喉の奥にあるこの器官が、アーモンドに似ていることから、扁桃と名付けられたのである。現在では、扁桃がアーモンドの別名であることも、アーモンドに似ていることもほとんど知られていないが、人間の体の器官の名前として、扁桃という言葉は生き残っているのである。

柴犬の**柴**って
柴犬は日本中に分布していた

柴犬は、日本犬の中では唯一の小型犬で、頭も良く飼いやすいと言われ、人気が高い。現在飼育されている日本犬の約80％を占めている。

日本犬は北海道犬、秋田犬、甲斐犬、紀州犬、四国犬（＝土佐犬）、柴犬の6種類（日本犬保存会が定めた「日本犬標準」による）。他の5種が名前に、産地である地名が付けられているのに対して、柴犬だけが違う。現在の柴犬は、信州産と山陰産の柴犬を交配して作られているが、柴犬は、古来本州各地に分布していたため、特定の地名を付けることができなかったと考えられる。

この柴犬の「柴」については、いくつかの説がある。

その一つが、柴犬は、薄茶色をしているものが多く、この色から柴犬となったという説だ。そもそも柴とは小さい雑木の総称であり、確かに薄茶色をしている。もう一つ、この柴の中を走り回り、狩りをしていたからという説もある。さらには、古語の「しば」には「小さい」という意味があり、そこから来たという説もある。しかし、いずれも確定的なものとはなっていない。

犬の名前の**ポチ**って明治以降に登場した名前

最近ではあまり聞かれなくなったが、かつては犬の名で人気があったのがポチである。

犬の名に、ポチが登場するようになったのは明治時代になってからであり、江戸以前には見られない。そこから、ポチは外国語が由来となっているのではと推測される。実際、2説あるポチの語源はいずれも外国語由来となっている。

一つは、英語の spotty 語源説。spotty とは、「斑点のある、ぶちの」という意味があり、いわゆるブチの犬を見て外国人が spotty と呼んだのを「ポチ」と聞き間違えたのが始まりという説である。もう一つがフランス語の petit 説。petit は、「小さい」という意味であり、子犬を見たフランス人が petit と呼んだことから始まったという説である。

どどめ色のどどめって北関東で使われる言葉

「どどめ色」と聞いて、多くの人はあまり良いイメージを持たないのではないか。それは、「どどめ」という響きのためか、あるいは「どどめ色」が女性器の色として言われることがあるためか？

「どどめ色」がどんな色をしているかを知っている人はあまりいないのではないか。

「どどめ色」とは、辞書によれば黒紫色あるいは暗紫色である。では、「どどめ」とは何か？　どどめとは、関東地方、特に群馬や埼玉の地域で、桑の実のことを言う言葉だ。この「どどめ」も最近ではあまり使われなくなり、「どどめ色」だけが生き残っているのである。

九官鳥の九官って間違えて伝わり、名前になってしまった

動物の名前は、その性格や見た目などの特徴から付けられたものが多いが、九官鳥の場合は、そうではない。

九官とは、この鳥を江戸時代に中国から持ち込んだ人物の名前である。なぜ、持ち主の名前がついたかについては二つの説が伝わっている。その一つは、日本人が鳥の名前を問うたのに対して、通訳が飼い主の名前を聞いたと間違えてしまったためというもの。もう一つは、九官が「この鳥は自分（九官）の名前を言う」と説明したのを誤解したためというもの。いずれにせよ、当時の日本人が持ち主の名前を鳥の名前と間違えたことにより、以後、今日までこの鳥は九官鳥と呼ばれているのである。

小春日和の小春って「小春」は春ではないある季節のこと

春という字が使われているため、「小春日和」の季節を春だと思っている人もいるのではないか？「小春」の季節は「春」ではなく、陰暦10月である。陰暦10月は、現在の太陽暦では11月から12月初旬なので、「小春」の季節は「冬」だ。

この頃の暖かく穏やかな天候が、「まるで春のようだ」ということで、「小春」と名付けられたのである。

ちなみに「小春日和」を英語では「インディアンサマー」と言うが、そこには「インディアンに騙されたような天気」という意味があり、最近では差別的であるという理由であまり使われなくなったそうだ。

松ぼっくりのぼっくりって響きは可愛いけれど……

松の木の実である松かさは、松ぼっくりとも言う。その大きさと名前の音の響きから、なんとなく可愛いイメージがあるが、このぼっくりの意味はあまり可愛いものではない。

松ぼっくりは、松ふぐりが訛ったものと言われている。ふぐりと聞けばわかる人も多いだろう。ふぐりとは陰嚢（つまり金玉）のことだ。国語辞書を見ても、松ぼっくりが松ふぐりの転訛と書いてあるが、なぜそう呼ばれたかの説明はない。推測するに、松かさの形態が、ふぐりに似ていることから名付けられたのだろう。しかし、意味を知ったら可愛いと思う人はいなくなってしまうに違いない（まあ、子どものふぐりは可愛いか？）。

きゅうりの**き**って極めて単純なその意味

「きゅうり」は漢字では「胡瓜」と書くことが多い。中国語でもこの漢字を書くが、これは「胡」の国で採れたことに由来すると言われている。日本語ではなぜ「きゅうり」と言うのだろうか。実は「きゅうり」は「胡瓜」だけでなく、「黄瓜」とも書く。そう、黄色い瓜だから「きゅうり」となったのである。要するに、「きゅうり」の「き」は「黄色」の「黄」なのである。

アメンボのアメって雨のアメではありません

池や水たまりなど、水面をスイスイと動くアメンボ。水のイメージが強いことから、「雨ん坊」と思っている人も多いのではないか？　しかしアメンボのアメは「雨」ではなく、「飴」である。アメンボは、カメムシに近く、カメムシ同様に匂いを発する。カメムシは臭い嫌な匂いだが、アメンボは甘い匂いであり、その匂いが飴のようだということで、飴坊《アメンボ》と名付けられたのだ。

ソメイヨシノのソメイって元になった名前は消えても桜の名に残す

日本を代表する花であるサクラ、そのまた代表と言えるのがソメイヨシノだ。しかし、その歴史はそれほど古くはない。

ソメイヨシノは自然種ではなく、オオシマザクラとエドヒガンの交配により生まれた雑種である。江戸時代末期に、江戸の染井村（現在の東京都豊島区駒込）の植木職人により作られ、売り出されたと言われている。ソメイヨシノの起源に関しては諸説あり、この染井村の職人が最初というのも確定的ではない。いずれにせよ、染井村こそが、ソメイヨシノの名前の元になっているのは確かである。

このサクラは初め「吉野桜」という名前で売られていたが、1900年、奈良県吉野の桜と混同されるとの理由で、東京帝室博物館員である藤野寄命という人物により、染井村にちなんでソメイヨシノと命名されている。染井の地名はなくなっているが、霊園とこのサクラによって現在でも全国に知られている。

ごり押しのごりって力ずくであるものを獲る方法から

強引に物事を推し進めることを「ごり押し」と言う。ほとんどの辞書では、意味だけで、「ごり」とは何かについては書いていない。この「ごり」とは、川魚の「ゴリ」のことだと言われている。「ゴリ」という名の魚は地方によって、カジカだったりメダカの仲間だったりするのだが、この場合は、ハゼの仲間である。ハゼ科の「ゴリ」は川底にへばりついて生息しているため、網を川底に力一杯押し付けて捕獲する。この漁法から、強引に進めることを「ごり押し」と言うようになったというのである。

にべもないのにべって
にべとは粘り気のあるもののこと

「にべもない」とは「愛想がない」「そっけもない」という意味の言葉だ。

にべはこの形で使われることが多いが、にべだけではどんな意味があるのか？　スズキの仲間の魚にニベというのがいるが、この場合のにべは、ただ魚のニベというわけではない。実は、「にべ」とは、この魚の浮き袋からとる膠《にかわ》のことである。これは「鰾膠《にべにかわ》」と言われ、粘着質が強いのが特色である。そこから「にべもない」とは、「粘りがない」→「あっさりしている」→「愛想がない」という意味になったと考えられている。

毛嫌いするの毛って
ちょっとの毛の違いが大きな違い

「嫌い」に「毛」が付くことで、訳もなく、なんとなく嫌うことを意味するようになる。この「毛」とは、動物、特に馬の毛色のことだと言われている。

馬の毛色は非常に多く、細かく数えると１００近くにも上るとか。一般的なものでも、栗毛、栃栗毛、鹿毛、黒鹿毛、青鹿毛、青毛、芦毛、白毛などがある。人間の目から見るとほとんど同じように見えても、馬同士はそれをはっきり見極める。それがよくわかるのが、繁殖のために交尾させようとした時だ。人間が無理やり馬を交尾させようとしても、毛色が違うと馬は非常に嫌がるそうである。その様子が人間には訳がわからず、そこから「毛嫌い」するという言葉が生まれたのだ。

ねこばばのばばって関西人ならなじみの言葉

拾った物をこっそり自分の物にしてしまうことを猫ばばと言い、今でも普通に使われている。「ねこ」は動物の猫であるが、「ばば」は何か？　ばばとは「大便、糞」のことである。もともとは「ばばっちい」から来た幼児語である。関東ではあまり使わないが、関西では今でも日常的に使われている。猫の糞がなぜ、「人のものをこっそり自分のものにする」という意味になるのか？　猫は糞をしたあと、砂や土をかけて糞を隠す習性がある。この様子から、悪事を隠すことを「ねこばば」と言うようになったのである。

ホースラディッシュの**ホース**って「馬並み」という言葉もあるが……

　ホースラディッシュは、ステーキやローストビーフに添えられる香草で、日本名に西洋わさび、わさび大根などがある。ラディッシュは、大根の一品種である二十日《はつか》大根のことであるが、ホースとは何か？

　ホースを英語で書くとhorse、つまり馬と同じ綴りなのだ。horseには、名詞「馬」、動詞「馬に乗る、馬に乗せる」などに加えて、形容詞で「異常に大きい、ばかでかい」という意味がある。身近な動物の中で最も大きいのが馬であり、そこからこの「異常に大きい、ばかでかい」という意味が生まれたのだろう。日本語でも、その種類の中で最も大きなものに「うま」が付くものがある。例えば、「ウマゼミ（クマゼミの別名）」や「ウマスゲ」などがある。つまり、ホースラディッシュは「大きな二十日大根」という意味なのである。

サニーレタスのサニーって嘘のような本当の話？

平安時代には日本に入ってきたレタスに比べて、サニーレタスの歴史は短い。日本の食卓に載るようになったのは、１９８０年代に入ってからだ。この野菜の普及に尽力したのが豊橋南部農協（現ＪＡとよはし）の朝倉昭吉という人。朝倉は初め、この新種の野菜の赤い色味から、レッドレタスと命名したのだが、語呂が悪いといった理由などからあまり評判が良くなかった。特に当時の人気料理研究家だった江上トミから名前を変えたほうが良いと言われたこともあり、朝倉は名前を変えることにしたのだが、なかなか良い名前が浮かばなかった。思案に暮れていたある日、朝倉の目の前を赤い車が通り過ぎた。朝倉がその車の名を聞いたところ「サニー」という答えが返った。それを聞いた朝倉は、その名が太陽の光を受けて真っ赤になるこのレタスにぴったりだと思い、「サニーレタス」と名付けたのだと言われている。嘘のようだが、本当の話だ。

ぺんぺん草のぺんぺんって その実の形が似ているから

ぺんぺん草とは、ナズナの異名である。ナズナという可憐な響きの名前に比べて、ぺんぺん草とはなんと滑稽な名前だろうか。なぜこんな名前が付いたのか?

口で三味線の真似をする「口三味線」で、三味線の音を「ぺんぺん」と表す。ぺんぺん草の「ぺんぺん」は、この三味線の音である。ナズナの実は、扁平な三角形をしているのだが、この形が三味線を弾く撥《ばち》に似ている。そこから、ナズナに「ぺんぺん草」の異名が付けられたのである。

ハツカネズミのハツカって 妊娠期間20日が命名の由来

ハツカネズミは、日本各地に生息する小型のネズミだ。その存在は古くから知られ、江戸時代にはペットとして飼われていた。雑食で何でも食べ、またねずみ算という言葉があるように、繁殖力も強く、年に3～4回出産する。妊娠期間は約20日で、生まれた子どもは約1～2ヵ月で成年になる。ハツカネズミの名は、この妊娠期間20

日から来ており、江戸時代にはすでに使われていた。

男爵いもの**男爵**って明治の終わりに北海道に上陸

ジャガイモの品種は非常に多く、農林水産省に登録されている品種は100近くにも及んでいる。その中で最も多く生産され、ジャガイモの代表選手と言えるのが「男爵いも」である。この「男爵いも」は、アイルランド原産の「アイリッシュ・コブラー」という品種を改良したもので、日本には1908年（明治41年）頃に伝わっている。このいもを日本に持って来て改良したのが、川田龍吉という人物。川田は、元土佐藩士で後に日本銀行総裁となる川田小一郎の息子であり、英国留学後、日本郵船などを経て横浜船渠会社（現在の三菱重工業横浜製作所）社長を務めた。その後、北海道で農場を開き、そこで「アイリッシュ・コブラー」を改良したものを普及させている。この川田は、男爵だったので、このいもも「男爵いも」と呼ばれるようになったのである。

ほうれん草の**ほうれん**って
語源は２説あり。農林水産省が採用しているのは？

ほうれん草の「ほうれん」については、ペルシア（現在のイラン）を意味するという説とネパールの地名という説がある。ほうれん草は、コーカサス地方で原生していたものがペルシアで栽培されるようになり、そこから西はヨーロッパに伝わり、東はネパール・中国を経て、江戸時代初めの頃に日本に来たと言われている。ほうれん草を中国語では「菠薐菜」と書く（現代は「菠菜」）。かつて中国語ではペルシアも「菠薐」と表記されていたので、これが「ペルシア説」の根拠とされている。「ほうれん」はネパールの地名「頗稜」だという説もあり、明時代の書物『本草綱目』にもそう書かれている。食材関係の本や各種事典では、それぞれの説を採っているものが見られるが、農林水産省のホームページでは「ペルシア説」が採られている。

小松菜の**小松**って
東京のある場所の名産だった

青菜の中ではほうれん草と並んで人気のある小松菜だが、この名前が東京都江戸川区小松川に由来することはあまり知られていない。

この野菜は、古くに中国から伝わり、日本各地で食べられ、その土地土地の名前が付けられていた。それがなぜ小松菜として統一されたのか?

徳川5代将軍綱吉が、小松川の地に鷹狩りに訪れた際に、この青菜の汁が出され、綱吉はいたく気に入り、以後、好物としてよく食したと言われている。そのため、幕府はこの野菜に小松川の名を付けることを許し、小松菜と名乗ることになったのである。

インドリンゴのインドって
インドではないインドってどこだ?

最近ではあまり見なくなったが、かつてはどこの八百屋でも売っていたのがインドリンゴだ。甘味が強く、昭和20~30年代にはたいへん人気が高く、リンゴと言えばインドリンゴだった。

インドリンゴという名称から、インド原産のリンゴと信じている人も多かったようだが、インドとは関係ない。このインドリンゴを日本にもたらしたのは、青森の私立学校・東奥義塾の英語教師だったアメリカ人ジョン・イング。ジョンが1875年

(明治8年)、ふるさとからリンゴの種を持って来て、青森で栽培したことから始まり、広まった。ジョンのふるさとはアメリカのインディアナ州である。このインディアナ州にちなみ命名されたのだが、当時の日本人にはインディアナがインドに聞こえたのか、インドリンゴとなってしまったのである。

現在ではほとんど収穫されなくなったインドリンゴだが、陸奥、王林などはインドリンゴをもとに作られている。

温州みかんの温州って　みかんの産地と言えば?

温州みかんは、すべての果物の中で作付面積も収穫量も最も多く、日本を代表する果物である。外国でもウンシュウとして人気が高い。

この温州みかんは古くから食べられ、室町時代には「温州橘(うんじゅうきつ、あるいはうんじゅきつ)」と言われていた。さらに江戸時代からは「温州みかん」と呼ばれるようになった。この温州は、中国の地名であり、おいしいみかんの産地として知られている。しかし、日本の温州みかんと中国の温州とは直接関係がなく、名前をいただいただけである。

シバエビのシバって昔は江戸湾でたくさん獲れた

シバエビは、クルマエビ科に属するエビで、比較的小さめだが、味は良く、特にかき揚げにして食べるととてもおいしい。日本でも東京以西の各地で盛んに獲られ、なかでも三河湾、有明海のものが有名である。現在では、東京湾産のものはないが、江戸時代には、いわゆる江戸前の海で盛んに獲られていた。この東京湾というのが、シバエビの名前の由来になっている。シバエビは江戸の芝浦あたりでよく獲られたことから、芝浦の芝を取って、「芝えび」と呼ばれるようになったのだ。

関さば、関あじの関って関は大分県の地名

大間マグロなどと並んで水産品の高級ブランドとして知られているのが、関さば、関あじ。それほど有名なのにもかかわらず、この関とは何であるかも案外、本当のことを知っている人は多くないだろう。

関さば、関あじとは、大分と愛媛の間の豊予海峡で一本釣りされ、大分市佐賀関に

水揚げされたさば、あじのことである。つまり、関さば、関あじの関は、この佐賀関の関のことである。豊予海峡は、潮流が速く、プランクトンが豊富で、ここで育つ魚はちょうど良い脂肪量と引き締まった身を持ち、非常においしいと言われている。

カモシカのカモって漢字では「氈鹿」と書く

カモシカは、シカが入っているが、シカの仲間ではなく、ウシやヤギと同じウシ科に属する動物である。このカモシカは、江戸時代から言われ始めた名称で、それ以前はカモシシと呼んでいた。シシとは獣の総称であり、それがシカに変化している。

カモシカも、カモシシも漢字では「氈鹿」と書く。つまり「カモ」とは「氈」ということになる。この「氈」という字は、「緋毛氈」の「氈」だ。「緋毛氈」は「緋色の毛氈」であり、「毛氈」とは動物の毛で作られた織物のことだ（氈一文字でも同じ意味）。この動物は、毛が豊かで毛氈を作るのに向いているということから、カモシシと言われるようになったのだ。

ハトムギのハトって鳩の好物だからという説もあるが……

最近では、ペットボトル入りのお茶の中にも使われ、CMでも歌われることから、ハトムギのその知名度は随分と高くなった。

ハトムギはかなり古くからある穀物で、古代インドや古代ローマの文献にもその名が出てくる。日本に伝わったのは、奈良時代とも言われているが、少なくとも、江戸時代中期・享保年間（1716～1736年）には、薬用に用いられていたのは間違いないようだ。当時は、唐麦とか朝鮮麦と呼ばれていて、ハトムギという名が付いたのは明治以降のことである。

ハトムギには「鳩麦」という漢字があり、鳩がこれを好んで食べることから付いたとも言われている。もう一つの説に、数多く収穫できることから、「八斗《はっと》麦《むぎ》」と言われたのが、「ハトムギ」に転訛し、鳩の字が当てられたというものがある。現在では、こちらの説が有力と考えられている。

ランゲルハンス島の**島**って この島はどこにある？

クイズ「世界でいちばん小さな島は？」、それは「ランゲルハンス島」。と言っても、「ランゲルハンス島」は海や湖にあるわけではなく、あるのは人体の中。「ランゲルハンス島」は人間の膵臓の中にある組織で、４種の細胞からなる細胞群だ。

「ランゲルハンス」はこの細胞群を発見した19世紀ドイツの病理学者パウル・ランゲルハンスの名前。ランゲルハンスは、この細胞群が島に似ていることから「島」と名付け、その後、発見者の名を付けて「ランゲルハンス島」と呼ばれるようになったのだ。ちなみにインシュリンは、この細胞群の一つであるβ細胞から分泌されるのだが、ラテン語の「島（insula）から分泌するもの」ということでインシュリンと名付けられている。

ピロリ菌のピロリって
可愛い語感に似つかぬその意味

ピロリ菌は、胃の中に生息するらせん状の細菌で、胃潰瘍、十二指腸潰瘍の原因とされ、さらには胃がんなどさまざまな病気を発症させるとも考えられている。このピロリ菌が胃潰瘍を発生させることを自らの胃で実証したオーストラリアの病理学者ロビン・ウォレンとバリー・マーシャルがノーベル生理学・医学賞を受賞している（存在自体は19世紀末には発見されていた）。

ピロリ菌は英語で、「ヘリコバクター・ピロリ」と言う。「ヘリコ」は「らせん状」、「バクター」は細菌という意味。そして「ピロリ」の意味は「幽門」である。「幽門」は胃の出口部分であり、十二指腸に続くところだ。「ピロリ菌」は、ウォレンとマーシャルが「幽門」付近で発見したので、この名前が付いている。

ブロッケン現象のブロッケンって
魔女が集まる山の名

ブロッケン現象とは、高い山で日出・日没時、太陽を背にして立ち、前方に霧が立ちこめるのを見ると、自分の影が霧の中に映りその周囲に虹のような環が出る現象だ。ブロッケンの妖怪という別名もあり、日本語ではご来迎と言う。このブロッケンとは、ドイツ中部にある1141mのブロッケン山のことである。年に1回魔女が集まり、宴を開くという言い伝えがある山だ。また、ここで前述の現象が起こりやすいことから、その名を取ってブロッケン現象と言われるようになったのである。

ニタリ貝のニタリって　ニタリは似たり、何に似ているかが問題だ

ニタリ貝とは、貽貝《いがい》の異名である。貽貝よりも、ムール貝と言ったほうがわかりやすいかもしれない。ニタリ貝は似たり貝と書く。つまり、この貝が何かに似ていることから、名付けられている。この貝は、いわゆる二枚貝であり、その形状が女性性器に似ていると言われている。しかし、そのことをストレートに言うのが憚られるので、「似たり貝」と婉曲に表現したのだろう。

オニヤンマのヤンマってヤンマはトンボの古称、その由来は？

日本には約200種類のトンボがいるが、その中で最大のものがオニヤンマ。北海道から沖縄まで日本各地で生息していることもあり、よく知られている存在だ。名前のオニはその顔が鬼に似ていることから付けられたのだが、「ヤンマ」とは何か？実は「ヤンマ」はトンボの古称である。つまり、「ヤンマ」＝「トンボ」ということになる。この「ヤンマ」は、トンボの左右2対4枚ある羽が、飛行中に8枚に見えることから、「八重羽」と呼ばれていたのが、訛って「ヤンマ」になったと考えられている。要するに、「ヤンマ」は「八重羽」ということである。

パッションフルーツのパッションってパッション＝情熱ではない

多くの日本人はパッションと聞けば、情熱という意味だと思うだろう。しかし、パッションフルーツは「情熱的フルーツ」ではない。パッション（passion）には、「情熱、熱情」のほかに、「キリストの受難」という意味がある。パッションフルーツのパッションは、この意味である。

この果物の花は、三つに分裂しY字になっているめしべが十字架に架けられたキリストに、その周囲に五つずつ並んでいるおしべと萼《がく》が10人の使徒に見えることから、「キリスト受難の花」という意味で「パッションフラワー」と呼ばれるようになり、その果実が「パッションフルーツ」となったのだ。ちなみにこの花を日本語では、この形状が時計に見えることから「トケイソウ」と呼んでいる。

マスクメロンのマスクって仮面をつけたメロン？

マスクメロンと言えば、高級フルーツの代名詞であり、日本では「フルーツの王様」と呼ばれている。このマスクメロンという名称と、表面の網目模様から、このマスクは仮面（mask）と理解している人が多いが、これは間違い。

日本一の産地である静岡県のホームページにマスクメロンの名前の由来が書いてある。それによると、食べ頃になるとムスク（musk）のような良い香りがすることから、この名前が付けられたということである。ムスクとはじゃこうのことであり、このメロンにはジャコウウリという別名もある。

ちなみに、マスクメロンは、アールス・フェボリット系メロンに属するのだが、このアールス・フェボリットとは、英語でEarl's Favouriteと書き、日本語に訳せば、伯爵（Earl）のお気に入り（Favourite）となる。この品種がイギリスのラドナー伯爵の農園で開発され、伯爵がたいへん好んだことから、こう呼ばれたのだ。しかし、現在、イギリスではこの品種のメロンはまったく作られていないそうだ。

アンデスメロンのアンデスって生まれは南米ではなく日本

マスクメロンに比べて、庶民的なのがアンデスメロンだ。比較的安いのにもかかわらず、香りも良くジューシーで、人気が高い。アンデスと言えば南米大陸のアンデス山脈であり、きっとここが原産地だと思っている人も多いことだろう。しかし、原産地はアンデスではなく、日本である。

１９７７年（昭和52年）に種苗メーカーの「サカタのタネ」が開発した品種であり、命名も同社がしている。同社のホームページによると、アンデスメロンとは「作って、売って、買って、安心ですメロン」との意味から名付けられたそうである。つまり、このメロンとアンデス山脈とはなんの関係もないのである。

タラバガニのタラバ、ズワイガニのズワイって タラバは場所に、ズワイは形態に関係あり

冬の味覚の中でも人気が高いのがカニ、なかでもタラバガニとズワイガニだ。タラバもズワイもよく知られているが、その意味は何か？

タラバは漢字で書くと鱈場である。つまり、タラがよく獲れる海に生息していることから、この名が付いたと言われている。一方、ズワイは簡単ではない。

ズワイは、「細くまっすぐな若枝」という意味の古語の「すわえ」が語源と言われている。つまり、長い足の状態が幹から細い枝が生えているように見えたことから、スワエガニと呼ばれるようになったのだ。そして、すわえが訛ってズワイになったのである。「すわえ」という言葉は使われることがなくなったが、ズワイガニの名前として残っているということである。

ハンドウイルカのハンドウって バンドウではなくハンドウが正しい

イルカの一種にハンドウイルカがいる。バンドウイルカと表記されることもある

が、これは間違い。「ハンドウ」は漢字では「半道」と書く。「半道」とは歌舞伎の世界で「道化」あるいは「面白さを持つ敵役」のことである。このイルカが船の近くでジャンプしたりする様子が「半道」のようだということで名付けられたと言われている。また「半道」には、中途半端という意味があり、クジラ、イルカの仲間では大きさが中間にあるので付けられたという説もあるが、歌舞伎説のほうを採る人が多いようだ。

フジツボのフジって その形状が名前の由来

岩や船底などに固着しているフジツボは、その見た目に反して塩ゆでや味噌汁の具にするとおいしい。このフジツボは藤壺と書かれることもあるが、これは音から来た混用であり、藤では意味をなさない。フジツボは、その形状が富士山に似ていることから名が付けられたのであり、より正確には富士壺と書くべきである。

あこう鯛のあこうって あこうは赤穂か？

あこう鯛は、高級魚の一種であり、刺身でも煮付けでもおいしく、人気が高い。名前に鯛が付いているが、鯛の仲間ではなく、カサゴの一種である。あこうと聞けば、赤穂を思い出す。確かに、瀬戸内海に面する赤穂は、イカナゴ、シラスなど漁業が盛んだが、あこう鯛は赤穂鯛ではない。あこう鯛を漢字で書けば、「赤魚鯛」である。つまり、「あかうお鯛」が訛って「あこう鯛」となったのである。

舌平目の**舌**って ある動物の舌に似ていることから

舌平目はムニエルにしてもバター焼きにしてもおいしい魚だ。この舌平目という名前はその形態がある動物の舌に似ていることから付けられている。その動物とは人間の舌とも言われているが、正しくは牛の舌である。舌平目という名前は俗称であり、正式な名称は「ウシノシタ」である。つまり、舌平目の舌は牛の舌なのである。

シロツメクサの**シロツメ**って 漢字表記にヒントあり

四葉のものは幸運を呼ぶと言われているクローバーの和名は、「シロツメクサ」である。シロは花の色から付けられたものだが、ツメクサとは何か？　ツメクサの漢字は「詰草」である。クローバーは、江戸時代にオランダから持ち込まれたのだが、元はガラス製品を梱包する際に、隙間を埋めるためにクローバーを詰めていた。それを見た日本人が、この草を「詰草」と呼んだのである。

ドウダンツツジの**ドウダン**って ドウダンはある言葉が転訛したもの

ドウダンツツジは、庭や植え込みなどに多く植えられており、草木の中でもポピュラーな存在だ。ドウダンという名前は、この植物の枝が三本に分かれている形状から付けられている。その似ているものとは昔の家庭にあった灯明台のことであり、灯明台の別名である灯台《とうだい》が付けられ、トウダイツツジと呼んでいたのが、次第に変化して「ドウダンツツジ」となったのである。

ハマナスの**ナス**って ナスと言っても茄子ではない

海辺の砂浜に咲くハマナスは、香りの強い赤い花（まれに白）が咲き、その実は熟すとても甘い。ハマナスと言っても茄子とは関係がない。この花は、もともとはハマナシだったのが、転訛してハマナスとなったのである。ハマナシのナシは梨である。なぜ「ハマナシ」となったのかについては、実の形が似ていたとも、味が似ていたとも言われている。いずれにせよ、ハマナスのナスは茄子ではなく、梨なのである。

アイガモのアイって
アイガモはカモとアヒルを交配したもの

アイガモとは、野生のカモとアヒルを交配した雑種だ。渡り鳥であるカモは夏季には日本にいないため、その代用として産み出された。つまり、カモのいない間のカモという意味で、アイガモと名付けられたのだ。また、歴史的仮名遣いでは「アヒガモ」と書き、「アヒ」はアヒルを意味すると言う説もある。どちらかと言えば、前の説が有力と考えられている。

第6章

芸能に関する言葉

幕の内弁当の**幕の内**って相撲の幕内ではない

「幕の内弁当」とは、折り詰めの中にご飯と数種類のおかずが入っている弁当のことを言う。古くから食されていたが、「幕の内弁当」の名が付けられたのは、江戸時代末期からと言われている。

幕の内と言えば、まず浮かぶのが相撲だろう。前頭以上の力士を幕内（まくのうち、まくうちとも言う）力士と言い、ゆえに、「幕の内弁当」の名は、この相撲からとする説もある。つまり、相撲観戦の際に食べる弁当だったからだと言うのだが、これには否定的な意見が多い。

相撲説に対して、有力とされているのが、芝居説。幕の内とは、芝居の幕が降りている間のことであり、幕間《まくあい》とも言う。現在でも、歌舞伎座などでは演目と演目の間の休憩時間に食事をするが、この時に出された弁当が、幕の内に食べる弁当という意味で幕の内弁当と名付けられた、という説である。ほとんどの辞書でもこの説を採っており、この芝居説がほぼ定説と考えても間違いないだろう。

助六寿司の**助六**って二段構造になっている由来

いなりとのり巻きがセットになっているものを「助六寿司」と言う。
助六と言えば、歌舞伎十八番の一つ「助六《すけろく》由縁《ゆかりの》江戸桜《えどざくら》」のことであり、「助六寿司」もこの芝居が由来となっている。ではなぜこの助六がいなりとのり巻きのセットの名前になったのか？

この演目は、侠客・花川戸の助六に身をやつした曾我五郎が仇討ちの相手を捜すというものだが、この助六の愛人が吉原の遊女・揚巻。この揚巻が「助六寿司」の名の元になっている。つまり、油揚げで作る「いなり」と「のり巻き」の組み合わせが揚巻を、さらにその愛人である助六を連想させるという二段階の構造になっているのである。

「助六寿司」が、歌舞伎から来ていることを知っている人は多いと思うが、助六の愛人・揚巻が由来とは、知らない人が多いのでは？

色物って文字の色の違い

「色物」とは、東京の寄席において、落語以外の芸人、つまり漫才・奇術・曲芸などを呼ぶ言葉であり、現在では、テレビのバラエティ番組などで、歌手や俳優などに対して芸人全般を「色物」と呼んでいる。またそこから転じて、一般的にも主流から外れた人などをさす言葉としても使われている。

この「色物」という言葉は、高座で出演者の名前を書いた「めくり」と呼ばれる紙に、落語家は黒字で書かれ、それ以外は色文字（主に朱文字）で書かれていたことから生まれたということである。それに対して、江戸時代の寄席では、落語と講談（当時は浄瑠璃も）が中心であり、それ以外の芸は、彩りを加えるものという意味で、「色物」と言われるようになったという説もある。しかし、落語芸術協会のホームページにある「落語辞典」にも「めくり説」が書かれているので、この説で間違いないと思われる。

どさ回り、どさくさのどさって どさは江戸から遠いあの島のこと

「どさ回り」とは、劇団や芸能人が地方を回ることを意味する言葉であり、「どさ」は、地方とか田舎を指す。もともと芸能の世界で使われていたが、サラリーマンが地方に左遷された時などにも使うようになった。

この「どさ」とは、佐渡を逆に言った言葉だ。金山で有名な佐渡は、江戸から遠く離れていたことから、流刑地でもあった。「どさ回り」は、そんな佐渡まで巡業に行く芝居の一座を蔑んだ言葉として生まれたのである。

「どさくさ」の「どさ」も同じく佐渡を逆に言った言葉である。これも江戸時代、金山の人足にするために大勢の博打打ちを捕まえて佐渡に送ったのだが、博打の手入れをすることを「どさ」と言い、佐渡送りになることを「どさを食う」と言ったのが最初と言われている。なお、「くさ」は調子を良くするための言葉で意味はない。

どんでん返しの**どんでん**って
どんでんは音を表現した言葉

映画や小説などで、それまでの展開がひっくり返ることを、「どんでんがえし」と言う。これは、歌舞伎で、大道具を90度後ろへ倒して、裏側に描かれた絵を出すことで、次の場面へ転換させることを言った言葉だ。

この作業をおこなう時に、大道具の音を消すために太鼓を叩くのだが、その「どんでんどんでん」という音から「どんでん返し」と言われるようになった。

もともとは「がんどう（強盗）返し」と言い、歌舞伎などでは現在でもこの言葉を使う。「がんどう」とは、木や竹で作った円筒の中にロウソクを立てた照明器具のことであり、「龕灯」と書く。この龕灯を強盗が使うことから「強盗」の字が当てられたと考えられている。

阿《あ》漕《こぎ》な仕打ちの**阿漕**って
元は良いおこないだったのだが

強欲な様やあくどい仕打ちを阿漕と言う。この阿漕とは、三重県の阿漕浦のことである。

阿漕浦は、古くから伊勢神宮に献上する魚を獲るための神聖な海とされ、禁漁区であった。この阿漕浦で、病気の母親に食べさせるために密漁を繰り返した平次（平治とも書く）という漁師が、捕らえられ海に沈められたという伝説がある。この伝説をもとに室町時代に世阿弥が謡曲「阿漕」を作り、さらに江戸時代になると芝居が作られ、広く知られるようになる。この平次が何度も密漁したことから「同じことを繰り返すこと」を阿漕と言うようになり、さらに時代が進むと何度も繰り返したことが「強欲であくどい」と取られ、阿漕の意味も変化したのである。

さわりの部分の**さわり**って誰もが間違えている本当の意味

「さわりの部分」と言うと、歌などの出だしの部分と誤解している人が多いが、これは間違い。では、どんな意味があるのか？

「さわり」とは、もともとは義太夫の言葉であり、その曲の中でいちばんの聞かせどころのことを言う。ここから転じて、映画、演劇、小説、歌などで、聞かせどころ、見せどころの部分をさわりと言うようになったのだが、それがいつからか、出だしの部分と間違えて使われるようになったのである。

めりはりのめりって はりは「張り」、ではめりは?

物事の調子がはっきりしている様を表すのに「めりはり」という言葉がある。はりは「張り」であり、「張っている」ということがわかるが、「めり」とは何か?「めり」とは、「ゆるむ」の意味であり、漢字では「減り」と書く。

「めりはり」とはもともとは音の高・低または強・弱を表し、そこから歌舞伎では、せりふの言い回しについて言うようになる。そこから派生し、広く物事全般についての強弱を表す言葉となったのである。

際物の際って 元は悪い意味ではなかった

際物という言葉は、「主流ではないもの」のようにあまり良い意味では使われない。しかし、もともとは悪い意味があったわけではない。本来は「季節が変わる間際に売り出すもの」という意味であり、そこから季節が変わったら用のないものという意味が生まれた。さらに、そこから一時的な流行や事件などを題材にした小説や映画などを「際物」と呼ぶようになり、「主流ではない」という悪い意味が生まれたと考えられる。つまり、際物の際は、季節の間際の際なのである。

けれんみのけれんって
こちらは悪い意味だったが

「けれんみ」を辞書で引くと「俗受けをねらったいやらしさ。はったり。ごまかし」（広辞苑）とある。この「けれん」は、もともとは、義太夫で自分とは違う流派の節で語ることを言い、邪道と同じ意味で使われていた。その後、歌舞伎では宙返りや早変わりなどのある芝居を表現し、浪曲や義太夫では、客の受けを狙って語ることを表現するようになった。さらに、「けれんみがない」という形で演劇以外の世界でも使われるようになったのだ。

かん高いのかんって
邦楽が語源の言葉

非常に高い声を形容する言葉に、「かん高い」というのがある。「かん」は漢字では

「甲」と書く。この「甲」とは、邦楽の世界で、元の音より1オクターブ上の高さ(倍音)の音を意味する言葉である。つまり、「1オクターブ高い音の声」が「甲高い声」ということだ。元の音(基音)のことを意味する言葉が「乙」である。「乙の音」が低く落ち着いていることから、「乙だね」という言葉が生まれたと言われている。

正念場の正念って芝居の見せ場のことだった

「正念場」とは、物事の大事な場面のこと。スポーツや仕事などさまざまなシーンで使われているが、もともとは、歌舞伎や浄瑠璃の世界で使われていた「性根場」という言葉が変化して「正念場」になった。「性根」とは文字どおり「性格の根っこ」、つまりその人物の性格の奥深い部分が表れている場面のことであり、芝居にとっては見せ場となる。そこから物事の大事な場面をも言うようになり、いつからか「正念場」に変化したのである。

第7章

スポーツに関する言葉

ソップ型の**ソップ**、あんこ型の**あんこ**って
ソップもあんこも意外な語源

相撲の世界では、痩せ型の力士をソップ型、肥満型の力士をあんこ型と言う。あんこは日本語と思えるが、ソップとは何語か？　実はこのソップは、オランダ語のsopだ。sopは英語のsoupと同じ言葉であり、意味はスープ。では、なぜ痩せていることをスープと言うのか？

これは、スープ（ソップ）を作るのに鶏ガラを使うことから、スープ（ソップ）↓鶏ガラ↓骨だけというふうに連想され、痩せていることをソップと呼ぶようになったと言われている。この言い方は、江戸時代にはすでに使われている。ちなみにちゃんこのなかで、鶏ガラで出汁を取ったものを「ソップ炊き」と言う。

反対に、肥満型の力士をあんこ型というが、このあんこはまんじゅうやグローブの中に入っているあんこではない。あんこ型のあんこは、魚のアンコウのことであり、その体が丸く膨れていることから付けられている。

ダンクシュートのダンクって動作が似ていることから付けられた

バスケットボールで、ボールから手を離さず直接ゴールにシュートする技をダンクシュートと言う。バスケットボールをテーマにした人気マンガ『スラムダンク』もあり、バスケファン以外でも知っている人は多い言葉だろう。

このダンク（dunk）には、「（ものを）水に浸す」という意味があり、特にパンやドーナッツなどをカップの中のコーヒーや牛乳に浸す行為を指す場合に使われる。手を離さず直接ゴールに入れるシュートがこの動作に似ていることから「ダンクシュート」と言われるようになったのである。

ちなみに、ダンクシュートは日本で作られたいわゆる和製英語であり、アメリカでは「ダンクショット」と言う（シュート自体が日本での用語であり、アメリカではショットと言う）。

ドッジボールの**ドッジ**って
ドッジはドジャースと同じ語源

イギリスで誕生したドッジボールが日本に入ってきたのは、1909年（明治42年）と意外と古く、1913年（大正2年）には東京府体育委員会が学校での遊戯として推奨、それ以来、児童を中心に親しまれている（日本ドッジボール協会のホームページより）。それほどポピュラーなのにもかかわらず、ドッジの意味はあまり知られていない。ドッジは英語で書くとdodgeであり、ひらりと身をかわすという意味がある。そう聞くと、このスポーツの名前にぴったりと言えるだろう。

ちなみに、大リーグのロサンゼルス・ドジャース（Dodgers）は、「ドッジする人たち」という意味だ。ドジャースは現在では西海岸のロサンゼルスに本拠地を置いているが、かつてはニューヨークのブルックリン地区にあり、ブルックリン・ドジャースと名乗っていた。当時のブルックリンには路面電車が走っていて、これをひらりと身をかわしてよける人たちを、チームの名前に採用したのである。

ちゃんこ鍋のちゃんこって中国語語源説が有力

ちゃんこと言えば、鍋が有名だが、相撲部屋において力士が作る料理、または力士が食べる料理は、和食も洋食も中華もすべてちゃんこである。このちゃんこの語源にはいくつかあり、定説とされているものはない。

その一つが、インドネシア語・マレー語のチャンプール（campur）を語源とする説。チャンプールは、「混ぜる」「混ぜたもの」という意味があり、沖縄料理のチャンプルーや長崎のチャンポンの語源でもある。

また、相撲の世界では、親方を父ちゃん、弟子を子と見なし、父ちゃんと子が一緒に食べる料理からちゃんこ料理となったという説や、古参力士が料理番を務めることから「おっちゃん」と呼び、この「おっちゃんの作る鍋」をちゃんこ鍋と言うようになったという説もある。

さらにもう一つが、中国語の板金製鍋を指す「チャンクオ（シャーコオ）」を語源とする説だ。江戸時代の長崎に相撲が巡業した際に、この鍋を使って料理を作り、それをチャンクオと呼び、後にちゃんこと変化したというものだ。現在では、これが有力とされている。

パラリンピックのパラって途中で意味が変わっている

障害者のスポーツの祭典「パラリンピック」は、日本人選手の活躍もあり、その知名度も高い。「パラリンピック」という名称も「オリンピック」同様、ごく普通に受け入れられている。

「パラリンピック」は「パラ」と「リンピック」を合成した言葉だ。「リンピック」は「オリンピック」の「リンピック」だということは知られているが、では、「パラ」とは何か？

日本パラリンピック委員会の上部団体である財団法人日本障害者スポーツ協会のホームページに、「パラリンピックの歴史」が書かれている。それによると、「パラリンピック」は車いす競技の大会としてスタートしており、一部で「対麻痺者（両下肢に障害がある人）のオリンピック（Paraplegic Olympic）」と呼ばれていたということである。1985年に国際オリンピック委員会（ＩＯＣ）の承認を得て、正式に「パラリンピック」を名乗ることとなった。この時になると、さまざまな障害を持つ人が参加していることもあり、「Paraplegic Olympic」ではそぐわないということから、「Parallel」＋「Olympic」と解釈することになったということである。

つまり、「パラリンピック」の「パラ」は、平行（あるいは同様な）を意味する「パラレル」なのである。

しこ名の**しこ**って もともとは「醜名」と書いた

白鵬など相撲取りの名前を「しこ名」と言う。最近では「四股名」と書くことが多いが、これは相撲の稽古の一つである四股から来た当て字であり、元は「醜名」と書いた。

「醜」という字は、「美醜」という熟語があるように今では「みにくい」とか「ひどい」などの意味で取られる。しかし、古くは「たくましい」とか「強い」などの意味もあった。「醜男《しこお》」という言葉があり、意味は「強くたくましい男」。

つまり、「醜名」には「強くたくましい男の名前」という意味があると考えられている。また、古代においては、自分の名前を卑下して言う時に「醜名」を使ったことから、相撲取りの名前を「醜名」と呼んだという説もある。

ダービーマッチの**ダービー**って競馬とは無関係のダービーマッチ

同じ都市に本拠地を置くチーム同士が戦う試合を「ダービーマッチ」と言う。もともとはサッカーで使われ、イングランドのマンチェスター・ユナイテッド対マンチェスター・シティの「マンチェスターダービー」、スペインのレアル・マドリード対アトレティコ・マドリードの「マドリードダービー」などが有名だ。日本でもJリーグの浦和レッズ対大宮アルディージャの「さいたまダービー」、ガンバ大阪対セレッソ大阪の「大阪ダービー」などがある。最近では巨人対ヤクルトの「東京ダービー」などとプロ野球でも使うようになっている。

日本人がダービーと聞くと、競馬のダービーを思い浮かべるだろう。しかし、競馬のダービーと、このダービーでは語源が違う。競馬のダービーは、このレースの創設者であるダービー伯爵の名前が由来となっているが、ダービーマッチのダービーは、イングランド中部にある都市の名前である。このダービーの町では、毎年、町を二分してのサッカーの試合がおこなわれていたことが、「ダービーマッチ」の由来になったと考えられている。

ハーラーダービーのハーラーって hurlする人とはどんな人か

「ハーラーダービー」とは、プロ野球の投手の勝利数競争のこと。この「ハーラー(hurler)」とは、hurl＋erであり、hurlとは投げるという意味だ。つまり「ハーラー」は投げる人、イコール投手のことである。日本では、投手のことをピッチャーと言うが、アメリカではハーラーもよく使われる。

「ハーラーダービー」は、この投手（hurler）に、競馬最大のレースである「ダービー」をくっつけて作られた和製英語で、アメリカでは通用しない。しかし、なぜピッチャーではなく、日本ではあまり使われない「ハーラー」を使ったのかは、不明である。

バレーボールのバレーって サッカーやテニスでおなじみのあの言葉と同じ意味

ロンドン・オリンピックで女子が銅メダルを獲得したバレーボールは、見るスポーツとしてもするスポーツとしても日本で人気が高い。日本人の多くはバレーボールと聞いて、その内容を思い浮かべることができるはずだ。それほどポピュラーなスポーツであるバレーボールだが、このバレーという言葉の意味を知っている人はほとんどいないのではないだろうか？

バレーは、英語でvolleyと書き、辞書で引くと、①一斉射撃②（悪口、質問などの）連発③テニス、サッカーなどで球が地につかないうちに打ち返すこと、とある。つまり、ノーバウンドで打ち返すことであり、テニスのボレーやサッカーのボレーシュートと同じである。確かに、バレーボールは、ボールを下に落としてはダメなスポーツだから、この名称が付けられているのも納得できる。

ブービー賞のブービーってブービー鳥の名前？

スポーツやゲームなどで、ビリから2番目に与えられるのがブービー賞だ。

このブービー（booby）を、英和辞典で引くと、①バカ、マヌケ②ビリ、最下位③カツオドリとあり、言葉の一義的な意味はバカ・マヌケである。カツオドリがブービー（バカ、マヌケ）と言われる理由は、警戒心がなく大型のため、動作も遅いので簡単に捕まえることができたことからと言われている。

もともとこのブービー賞は、ゴルフの賞として始まっている。ゴルフ用語には、イーグル（ワシ）やアルバトロス（アホウドリ）など鳥の名前が使われることが多いが、このブービーもその一つだ。つまり、もともとブービーには、バカ・マヌケの意味がある↓カツオドリの名前がブービーと付けられた↓ゴルフ競技の最下位にこの鳥の名をもらった賞が与えられるようになった↓ブービーにビリ、最下位という意味が加わった、ということである。

ところで、ブービー賞は欧米では最下位に与えられるが、日本ではビリから2番目に与えられている。日本では、商品欲しさにわざと最下位を狙う人が増えたために、狙いにくいビリから2番目に与えられるようになったのである。ゆえに、ブービーメーカーは和製英語であり、欧米にはない言葉である。

サウスポーのポーってもとは動物の足の意味がある

野球の左投げの投手をサウスポーと言う。英語で書けばsouthpawだ。southイコール南は中学生でも知っているが、pawはあまり知られていない言葉だ。pawはもともと四つ足動物の足を意味し、そこから人間の手を表すようになった。つまり、サウスポーは、「南の手」ということになる。なぜ左腕投手をこう呼ぶのかについては、野球のグラウンドは、センター側が東、キャッチャー側が西に位置することが多く、投手の左手は一塁側、つまり南を指すことからという説。また、この言葉が生まれた頃は、左腕投手に南部出身が多かったという説もある。

はっけよい残ったのはっけよいって日本相撲協会の説は正しいのか、違うのか

相撲中に動きが止まった力士に行司がかける言葉に「はっけよい」というのがある。辞書の中には、この「はっけよい」を「八卦良い」だとするものがある。占い師が使う言葉に「当たるも八卦、当たらぬも八卦」があるように、「八卦」とは易の世界で陰と陽の組み合わせで得る八つの形であり、あらゆるもののすべてというような意味がある。この説ならば「はっけよい」とは「すべてよい」ということになる。

さらに「早く競え」という言葉が転訛した（「はよきほへ」↓「はっけよい」）という説もある。

日本相撲協会はこの二つの説を採っていない。相撲協会の憲法とも言うべき「寄附行為施行細則」の『審判規則』には、「ハッキヨイは、発気揚々を意味し、両力士が

動かない場合に用いる」と規定されている。この「発気揚々」を、文字の意味で解釈するならば、「気を出して、誇らしくなれ」ということになる。勇ましく、相撲取りらしい言葉であり、日本相撲協会がこの説を採りたい気持ちはよくわかる。しかし、一般的には否定的な意見が多く、「はよきほへ」転訛説を採る人が多いようだ。

グレコローマンのグレコって　ローマンはローマ、ではグレコはどこ

ロンドン・オリンピックでは女子選手の活躍に加えて、24年ぶりに男子も金メダルを獲り、その後除外騒ぎなどもあり、注目度を高めているのがレスリングだ。レスリング競技にはフリースタイルと、グレコローマンスタイルの二つのスタイルがある。かつては、柔道、体操と並ぶ日本のお家芸とも言われたことがあり、このグレコローマンという名称もよく知られているが、その意味をどれだけの人が知っているのだろうか？

まずルールであるが、全身を使って攻撃・防御することができるフリーに対して、グレコローマンは腰から上だけを使い、下半身への攻撃は禁止されている。これは、古代ギリシャ、ローマでおこなわれていた格闘技のルールに従っていると言われてい

ンと言われているのだ。つまり、グレコ（Greco）とはギリシャのことなのである。

グランドスラムのスラムって
ブリッジで、カードを全部取ること

スポーツの世界でよく聞く言葉に「グランドスラム」がある。例えば、テニスでは、全米・全英・全仏・全豪の4大大会をすべて優勝すること、あるいは野球では満塁ホームランをグランドスラムと表現する。

「グランドスラム」は、トランプのゲームの一つであるコントラクトブリッジで使われる用語であり、簡単に言えば、宣言したうえですべてのカードを取ることだ。そこからスポーツの世界に広まったのである。グランド（grand）は、「最高の」という意味だが、「スラム」にはどんな意味があるのだろうか？　スラム（slam）には、「（ドア、戸などを）ピシャリと閉める」という意味がある。すべてのカードを取る様子が勢いよく戸を閉めるのに似ていることから、この言葉が生まれたのである。

フットサルのサルって
フットサルは屋内スポーツだ

フットサルは、見るスポーツとしても、やるスポーツとしても人気急上昇中だ。2012年のワールドカップにも出場し、さらにその代表にカズこと三浦知良も選ばれるなど、知名度も高まっている。

フットサルの「フット」はサッカーを意味する「フットボール」であることはすぐにわかるが、「サル」は何か？　「サル」は室内を意味する「サロン」だ。つまり「フットボール」プラス「サロン」で「フットサル」となったのだ。日本では、屋外でおこなわれる場合もあるが、この名のとおり「フットサル」は屋内でおこなわれるのが基本である。

第8章

ギャンブルに関する言葉

ため口のためって
元は賭博用語だった

年齢の差や立場の差を気にせず、敬語など使わずに話すことを「ため口をきく」「ため口をたたく」と言う。あるいは、同い年のことを「ため」などとも言う。

もともと「ため」は、賭博用語の一つで、二つのさいころの目が同じこと（いわゆるゾロ目）を指す言葉だ。そこから、1960年代に不良少年たちが、同い年を意味する隠語として「ため年」あるいは単に「ため」と言い始め、そこから派生して「ため口」も生まれたと言われている。それが、80年代に入ると、次第に一般にも使われるようになったのである。

連チャンのチャンって
連続チャンスではない

連チャンとは何かを連続しておこなうことを意味する隠語だ。最近ではパチンコ・パチスロで連続してボーナスが出ることを指す言葉として使われていることもあり、若者だけでなく、広い年齢層の人に使われている。連チャンの連は連続の連であることはわかるが、チャンは何か？

パチンコ・パチスロでは、ボーナスチャンスが連続することから、チャンスの「チャン」だと思っている人も多いことだろう。しかし、連チャンのチャンはチャンスの「チャン」ではない。

一般的には連チャンと漢字＋カタカナで表記されるが、漢字で書くと連荘となる。連荘とは麻雀用語であり、荘（正しくは荘家）とは親のこと。麻雀では親が勝つと続けて親でいられるのだが、このことを連荘と言うのである。麻雀愛好家が麻雀以外の場面でも、連続しておこなうという意味で使い出し、それが一般的に使われるようになったのである。

テンパるのテンパって　この状態になれば確かに緊張を強いられる

余裕がなくなり、極度に緊張した状態を「テンパる」と言い、よく使われる言葉の一つだ。この「テンパる」とは元は麻雀用語の「テンパイ」から派生した言葉である。「テンパイ」とはあと一つで「あがる（勝つ）」状態になることを指す言葉であり、「テンパった」とか「テンパっている」などと動詞形でも使われている。「テンパイ」になると、いつあがり牌をつかむか（あるいは相手から出るか）わからないので、緊張して待つことになる。そこから、緊張することを「テンパる」と言うようになったのである。

安全パイのパイって一般的に使われている麻雀用語の一つ

人に害を与えることのない、無難な性格の人を「安全パイ」、あるいは省略して「安パイ」と言う。特に女性が危険性の少ない男性に向けて言うことが多い。若者を中心に広い層で使われている言葉だ。

この「パイ」は麻雀の「牌」のこと。麻雀では、状況によって絶対相手の当たりに的中しないという「牌」があり、当たる危険のないことから「安全牌」と言われる。それが、麻雀から離れて使われるようになり、特に人畜無害な男性を指すようになったのだ。現在では、麻雀を楽しむ人は少なくなっているが、この言葉は、「連チャン」や「テンパる」などと並んで、幅広く使われている麻雀用語の一つである。

第9章

ファッションに関する言葉

カッターシャツの**カッター**って
第一次世界大戦終結の年に日本で作られた

男性用シャツの一種であるカッターシャツは、ワイシャツとほとんど同じものだ。東日本ではワイシャツと言っているが、西日本では今でもカッターシャツが使われている。

このカッターシャツは、日本で作られた言葉、つまり和製英語の一つである。1918年（大正7年）にスポーツ用品メーカーのミズノ（当時は美津濃）がスポーツ用シャツとして売り出したもので、カッターシャツという名前もこの時、創業者である水野利八によって付けられている。この年は第一次世界大戦が終結した年であり、日本は連合国軍として参戦し、勝利を収めている。カッターシャツのカッターは、〝勝った〟をもじって付けられたのだ。

ワイシャツの**ワイ**って
英語を聴き間違えた代表例

ワイシャツは、もはや日本語化していると言っても良いほど一般的に使われているが、このワイの本当の意味も意外と知られていない。

この白地の長袖シャツは、大正末期に普及すると同時に、ワイシャツという名称も一般的になった。その後、Yの字を使うようになったことに加えて、その形態がY字形に見えなくもないこともあって、ワイシャツ＝Yシャツという誤解が広まったと考えられる。

しかしワイ＝Yは間違いである。正しくは、ホワイトシャツ。普及した当時の日本人にはホワイトがワイに聞こえてしまい、ワイシャツとなったと考えられている（もっともwhiteの発音はワイに近いと言えるが）。同時に、ワイシャツとは背広の下に着るシャツという意味で使われ、ホワイト（白色）という概念から離れて、ブルーのワイシャツなど矛盾する表現も平気で使われてしまっている。

スカジャンのスカって米軍基地のある町が発祥の地

背中に派手な刺繍を施したジャンパーをスカジャンと言う。ロックンロールファンなどを中心に人気があるが、このスカとは何か？

似たような名前を持つジャンパーにスタジャンがあるが、このスタはスタジアムのこと。もとはスタジアムでスポーツ選手が着ていたことから、この名前で呼ばれている。

では、このスカは何かというと、横須賀のスカなのである。第二次世界大戦後、横須賀に駐留していたアメリカ兵向けの日本みやげとして、竜や虎など和風の派手な刺繍を施したジャンパーを売り出し、人気を呼んだのがその始まりと言われている。立川や沖縄など他の米軍基地の町にもあったが、横須賀から帰国する米兵が多かったこと、または一番後まで売り続けていたことから、ヨコスカジャンパーと呼ばれるようになったと言われている。

なお、スカジャンから派生した背中に派手な刺繍のあるシャツをスカシャツ（横須賀シャツ）、裾が極端に細いズボンをスカマン（横須賀マンボ）と言う。

ジャージ服の**ジャージ**って誰もが知っているジャージの語源は無名のある島

中学生の体育着からお父さんの普段着まで、誰でも1着は持っているのがジャージ服だ。それだけに、日本人のほとんどはジャージ服と聞いてそれがどんなものかを知っている。しかし、このジャージの意味するところを知っている人は少ないだろう。

ジャージ（jersey）とは、メリヤス生地の一種の名称である。つまり、ジャージ素材で作った衣服をジャージ服と言う。もともとこの生地は、イギリスのある地方の特産物であり、その土地の名前に由来してジャージと呼ばれている。その土地とはドーバー海峡にあるジャージー島だ。伸縮性があり動きやすいことから、島の漁師が漁の時に着ていたと言われている。そして同じ理由から、運動用にも使われ、日本ではごく当たり前の存在となったのだ。

ジャージー島について知っている日本人は少ないと思うが、この島はジャージ服だけでなく、牛のジャージー種の原産地であり、アメリカのニュージャージー州の名前の由来ともなっている。

チノパンのチノって
チノはあの超大国の英語読み

ジーンズと並んで人気のあるのがチノパンだ。このチノパンは、チノクロスパンツの略称である。チノクロスとは、チノ生地ということ。では、チノとは何か？

英語のチノとは、Chinese の連結形 Chino であり、チノクロス（Chino Cloth）は、中国の生地ということになる。元来、この生地は第一次世界大戦時、フィリピンに駐留していたアメリカ陸軍が軍服用に中国から買い付け、丈夫なことからアメリカ国内で広く使われるようになった。そこから、中国の生地ということで、チノクロスとなったというわけである。日本では、チャイナやチャイニーズは誰でも知っているが、チノはあまり使われないため、その意味を知らないままチノパンという名称だけが一般的になったのだ。

ピーコートのピーってイギリス海軍の軍用だった説は間違い？

ピーコートとは、厚手のウール地で前がダブルになっているコートであり、日本の若者にも人気が高い。このピーには諸説ある。

もともとイギリス海軍の軍用コートだったことから、パイロット・コートの別名があり、パイロット（意味は水先案内人）の頭文字Pから来ているとも言われている。しかし、これは間違い。このコートのことをオランダ語では、「Pij jekker」と言うのだが、この頭文字のPから来ているというのが正解とされている。「Pij」は、「ラシャ」であり、毛織物の一種。この「ラシャ」も現在では死語と言えるかもしれない。

トレンチコートのトレンチって
おしゃれのためでなく、戦うためのデザイン

男性用コートの中でも、定番中の定番であり、「キング・オブ・コート」の称号も持つと言われるのが、トレンチコートだ。名優ハンフリー・ボガートのトレードマークであることでも知られているコートだ。

このトレンチコートは、元は、イギリス陸軍の軍用として開発されている。トレンチ（trench）を日本語に訳せば塹壕《ざんごう》である。特に冬季、塹壕を掘っての戦い（塹壕戦）の際に、防寒・防水効果があり、重用された。もともと軍服だったため、現在でも、銃を撃つ時のための肩当て（ガン・パッチまたはガン・フラップ）や、あごを暖めるための布（チン・ウォーマー）などの機能が残されている。

ネルシャツのネルって
ある有名な言葉の省略形

ネルシャツとは、ウール生地にチェックなどの模様のあるシャツで、ジーンズやチノパンに合わせて人気のあるファッションアイテムであり、よく知られた言葉であ

る。

では、このネルとは何か？　答えを言えば、ネルはある言葉を省略したものだ。しかし、この正式名称より省略形のネルのほうが、一般的にはわかりやすいのではないか？　確かにネルの寝巻きや毛布など、古くから使われている言葉であり、高齢の人でもなじみのある言葉だ。では、その正式名称とは何か。それは、フランネルである。フランネルにはフラノという別名もある。つまり、ネル、フランネル、フラノは同じなのである。

衣紋掛けの衣紋って平安時代から使われている古い言葉

衣紋掛けとは、簡単に言えば、日本式のハンガーである。最近では死語になりつつあるかもしれないが、一昔前なら、どこの家庭にもあるものだった。つまり、誰もが知っているにもかかわらず、当時から、衣紋の意味はあまり知られていなかったのではないか？　衣紋は、かなり古くから使われていて、平安時代に作られた歴史物語『今鏡』にも出てくる。

衣紋のもともとの意味は、衣服を正しく着るための作法であり、そこから転じて、着物の胸の上で合わさる部分の名前となり、さらには衣服そのものを指すようになる。つまり、衣紋は、衣服（着物）のことである。

ケリーバッグのケリーってパパラッチが命名のきっかけ

「ケリーバッグ」は、フランスの高級ブランド「エルメス」を代表するバッグであり、世界中の女性に人気がある。もともとは狩猟用のバッグを1930年に女性用に改良して売り出したもので、当時は違う名前だった。1955年、当時妊娠中だったアメリカ人女優でモナコ公妃となったグレース・ケリーが、スクープを狙った雑誌カメラマンからお腹を隠すためにこのバッグを使ったことから、「ケリーバッグ」と呼ばれるようになる。エルメス社は、この呼び名を気に入り、モナコ公国の許可を得て、「ケリーバッグ」を正式名称としたのである。

ちなみに同社の人気バッグの一つである「バーキン」は、女優ジェーン・バーキンから取られている。

サブリナパンツ、サブリナシューズの**サブリナ**って オードリーが着たから人気に

サブリナパンツは、ふくらはぎからくるぶしあたりの丈で、ぴったりとしているパンツのことである。サブリナシューズは、甲の部分に刺繍があり、かかとが低い浅靴のことである。この二つとも、語源は同じ。

その語源とはオードリー・ヘプバーンが主演したアメリカ映画「麗しのサブリナ」。いずれも、この映画でオードリーが着用したことから、人気を呼び、それゆえ、サブリナパンツ、サブリナシューズと言われているのだ。シューズのほうは、ヘプバーンシューズとも言われている。

ビキニ水着の**ビキニ**って まさしく衝撃的な水着なのだ

小さなブラジャーと短めのパンツによる女性用水着をビキニと言う。このビキニとは、南太平洋に浮かぶマーシャル諸島のビキニ環礁のこと。なぜ、この水着の名が「ビキニ」となったのか。この水着は１９４６年にフランス人デザイナーのルイ・レ

アールにより考案された。その直前にビキニ環礁でアメリカが原爆実験をおこなったことから、レアールはこの水着を「原爆級の衝撃」という意味で「ビキニ」と名づけたと言われている。確かに、当時としてはその衝撃はかなりのもので、アメリカではビキニを禁止した州も多かった。

タンクトップのタンクってタンクといっても戦車じゃない

ランニング型のシャツをタンクトップと言い、一般的なファッションアイテムである。この名前もごく普通に使われているため、タンクの意味について考えることもないのかもしれない。この衣服ができた20世紀初頭、屋内プールのことをタンク（水槽）と呼んでいたので、ここで使用する水着をタンクスーツと、その上の部分をタンクトップと言ったのだ。つまり、タンクとはプールのことなのである。

カーキ色のカーキって日本では昔、国防色と言われていた

カーキ色とは、茶褐色または黄褐色のことで、最近ではファッションに取り入れら

れることも多い。この色はもともと軍隊、特に陸軍の制服に使われていた。最初にこの色を制服に採用したのは、１８４８年、インドに駐留していたイギリス陸軍であり、現地の言葉であるヒンズー語で「土埃」とか「塵」を意味する「カーキ」という言葉を使った。その後、この色が迷彩となることから、各国の軍隊で使われるようになった。ちなみに、日本ではかつては「カーキ」を「国防色」と呼んでいた。

ギンガムチェックのギンガムって やはりマレーよりフランスが良いかな？

格子模様のことをギンガムチェックと言う。本来、ギンガムとは、格子または縞模様の平織りの綿布のことであり、この布で使われるチェックをギンガムチェックと言う。ギンガムの意味については、はっきりしていないが、格子柄の布という意味のあるマレー語のギンガン (gingang) から来ているという説や、フランスのガンガン (Guingamp) 地方から来ているという説もある。ギンガムのことをフランス語でガンガンと言うことから、こちらのほうが有力と考えられている。

セシルカットの**セシル**って かつて日本でも一世を風靡した髪型

男のように極端に短い女性の髪型をセシルカットと言う。最近はあまり聞かなくなった言葉だが、ある年齢以上の人にとっては懐かしいのではないだろうか？　セシルとは、フランソワーズ・サガンの小説『悲しみよこんにちは』の主人公セシルのことだ。この小説が、１９５７年に映画化された時、セシルを演じたジーン・セバーグの髪が、頭の形に合わせて短く刈られていた。映画が公開されると、欧米や日本の女性たちに人気を呼び、真似する人も大勢現れた。そしてその名前を、セバーグが演じたセシルから取ってセシルカットと呼ばれるようになったのである。

ペイズリー柄の**ペイズリー**って これ以外はまったく無名の都市が語源

松かさのような大きな植物柄をペイズリー柄と言う。日本では、その形から勾玉《まがたま》模様とも言う。その派手さから、スカーフやシャツなどに幅広く取り入れられている人気の柄だ。

ペイズリーとは、スコットランドの都市の名前だ。と言っても、この都市が発祥の地ではない。ではなぜ、この柄がペイズリーと呼ばれるようになったのだろうか？もともとインド特産だったこの柄が、１８００年代、ペイズリー市において独自に発展、特にこの柄のショールの産地として知られるようになったことから、この柄をペイズリーと呼ぶようになったのである。

ヘリンボーンの**ヘリン**って日本人にはちょっとわからない命名のセンス

ヘリンボーンとは、逆山形模様のことで、日本では杉綾柄とも言う。ヘリンボーンのボーン（bone）とは骨のことであるが、ではヘリンは？　このヘリン(herring)、実は日本人にもおなじみの魚、ニシンのことだ。この柄が、ニシンの骨に似ていることから、名付けられたと言われている。ニシンの骨に似ているのは確かだが、そのまま名前にしてしまうというのも、日本人にはちょっとわからないセンスではなかろうか？

アイビールックのアイビーって
ツタとボタンダウンシャツの関係は？

日本でも１９６０〜70年代に一世を風靡したアイビールック。三つボタンのジャケットにボタンダウンのシャツ、細身のコットンパンツにローファーのスリッポンなどが特徴で、清潔感にあふれていたスタイルだ。アイビー（ivy）とは植物のツタのことだ。このファッションスタイルにアイビーという名が付けられたのは、１９５５年のことである。前年の１９５４年に、アメリカ東部の８大学（ハーバード、エール、プリンストンなど）によりフットボールリーグが結成されたのだが、この８大学はすべて校舎に生い茂るツタがシンボルとなっていたことから、アイビーリーグと呼ばれることとなった。そして、アイビーリーグの学生たちが好んで着ていたファッションを、１９５５年に国際衣服デザイナー協会が、アイビールックと命名したのである。

一張羅の羅って
江戸時代に大事だったものと言えば

その人が持っている中で最も良い服を「一張羅」と言う。あるいは、そこから派生して、一つしか持っていない服のことを言う場合もある。

この「一張羅」は、「一」＋「張羅」ではなく、「一張」＋「羅」である。「一張」は「一丁、一挺」と同じく、数を数える単位。「羅」は、「薄地の絹織物、うすもの」のことである。つまり「一つのうすもの」↓「一枚しかないうすもの」という意味なのである。

この「一張羅」は「一挺蠟《いっちょうろう》」を真似て作られたという説がある。「一挺蠟」は「一挺蠟燭」の省略形。江戸時代、蠟燭は高級品で、予備のない蠟燭を「一挺蠟」と呼んでとても大切にした。そこから、「大切なもの」のたとえとして「一挺蠟」という言葉が生まれ、さらに「一張羅」となったのだ。

縞模様の縞って思いもよらぬ、その由来

縞模様は、そのもの自体もその名も、誰でも知っているが、その名の由来についてはあまり知られていない。

縞模様は弥生時代にはすでに現れているが、古くは「筋」あるいは「間道《かんどう》」と言われていた。16世紀半ば、南蛮貿易により東南アジアの布地が日本に輸入されるように

なり、この布地を島から来たという意味で「島もの」と呼ぶようになる。この中には縞模様のものが多く、いつしか縞模様のことを「島もの」と言うようになり、それが省略され「島」となった。これに「縞」の字を当てるようになったのである。

レジメンタル模様のレジメンタルって
英国の軍隊がその由来

斜めにストライプが入った模様をレジメンタルと言い、ネクタイやジャケットなど男性ファッションに使われることが多い。特に、ネクタイはレジメンタルタイという名前で人気が高い。なぜ斜めのストライプをレジメンタルと言うのか。英語のレジメンタル（regimental）は「連隊」を意味する名詞レジメント（regiment）の形容詞形であり、「連隊の」という意味となる。英国軍は連隊旗に斜めストライプを使用することが多く、除隊した退役軍人らが現役時代を懐かしんで、ネクタイにこの柄を使い始めた。そして、「連隊の模様のネクタイ」ということから、レジメンタルタイと呼ばれるようになったのだ。

第10章

文学・歴史・地理に関する言葉

ムック本の**ムック**って本でもなく雑誌でもない

大型の判型で不定期に発行される書籍がムック本（単にムックとも言う）。美容関係や料理関係をはじめ幅広い内容のものが出版され、書店には数えきれないムックが並べられている。このムックが登場したのは1970年代初頭のアメリカと言われている。その形態が雑誌と書籍の両方を併せ持っていることから、雑誌（magazine）と書籍（book）を合わせたmookという言葉が付けられたのだ。つまり、ムックはマガジンとブックを合わせた言葉というわけである。

ロリコンの**ロリ**って意味は知っていても、その由来は？

幼女を性愛の対象とすることをロリコンと言い、それがロリータコンプレックスの省略形であることを知っている人は多いだろう。また、ロリータファッションと呼ばれる少女らしさを前面に押し出したファッションスタイルも、かなりの知名度を持っている。

では、このロリータとは何か？　ロリコンやロリータファッションから、少女や幼女のことを意味しているということはなんとなくわかっていても、なぜ少女のことをロリータと言うのかを知っている人はあまりいないのではないか？

ロリータとは、アメリカに亡命したロシアの作家ウラジーミル・ナボコフの小説のタイトルである。この『ロリータ』という小説は、中年男性の12歳の少女に対する愛を描いたもので、少女の名前がドロレス、愛称がロリータだ。ロリコンという言葉は、この小説がもとになって生まれた言葉なのである。

ハードボイルド小説のハードボイルドって ただ暴力的なだけではない

ハードボイルド小説は、文学のジャンルとして確立され、日本にも多くのファンがいる。古くはレイモンド・チャンドラーやダシール・ハメット、最近ではロバート・B・パーカーなどの人気作家も多く、名作、傑作も数多い。それほど日本でも慣れ親しまれているにもかかわらず、ハードボイルドの意味はあまり知られていない。

ハードボイルド（hard boiled）は、19世紀後半に「訳知りな」という意味で使われるようになり、その後、hard boiled eggという形で「食えない奴、打ち負かしづらい奴」との意味で使われるようになった（eggには俗語で「男、奴」という意味がある）。その頃は、「薄情、ケチ」などあまり良い意味では使われなかった。それが第一次世界大戦中には、軍隊の中で「非感傷的な、タフな」などの意味で使われるようになった。

このハードボイルドが小説に付けられるようになったのは、１９３０年にダシール・ハメットの『血の収穫』の単行本が発売された時、ニューヨーク・タイムズが「この小説の主人公の性格はハードボイルド」と評したのが最初と言われている。当時は、ハードボイルドとは「情け知らず、タフ、頑固」などの意味で使われた。現在でも基本的にはこの意味であるのは間違いないが、そこには肯定的な思いも込められていると言ってよいだろう。

ルビをふるのルビって
ルビはイギリス式の呼び名

漢字によみがなを付けることを「ルビをふる」と言う。出版や印刷の世界ではごく普通に使われているし、一般の人でも知っている人は多い。この「ルビ」は、「ルビー」が省略されたものである。「ルビー」とは何か？　実は「ルビ」とは、宝石のルビーのことなのである。

「ルビ」が我が国に登場したのは、明治時代に西洋式活版印刷が導入されてからだ。この際、よみがな用に使われたのが、7号活字。この7号活字がイギリスで「ruby」と呼ばれる5・5ポイント活字と同じ大きさだったので、7号活字も「ルビ」と言われた。そこから、よみがなを付けることを「ルビをふる」と言うようになったのだ。ちなみに、イギリスでは、4・5ポイント活字はダイヤモンド、5ポイント活字はパール、6・5ポイント活字はエメラルドと言う。

ゾッキ本のゾッキって本当は怖い意味がある

出版社が売れなくなった本を安値で処分したものや、倒産した出版社の本が流出したものを「ゾッキ本」と呼ぶ。現在でも神田神保町の古本屋街には数多くの「ゾッキ本」が店頭に並んでいる。

「ゾッキ本」を売る店を「ゾッキ屋」と言うが、元はこの「ゾッキ屋」が先にあり、そこで売られるから「ゾッキ本」と言われるようになったと考えられている。「ゾッキ屋」は「そぎ屋」が訛ったものであり、「そぎ屋」を漢字で書くと「殺屋」である。「本の価値を殺いで売る店」というような意味か。そう考えると、「ゾッキ本」とはなかなかに怖い意味の言葉と言えるだろう。

オムニバスの**バス**って
バスの語源になった言葉

映画や小説などで、複数の短編によって一つの作品となる形式のものを「オムニバス(omnibus)」と言う。この「bus」は、自動車の「バス」と同じものだ。しかし、「オムニバス」の「バス」は、自動車の「バス」から来たのではなく、もともと「オムニバス」という言葉があり、その省略形として「バス」が生まれたのである。「オムニバス」は、ラテン語で「すべてのひとのために」という意味があり、そこから「乗合自動車」のことを指す言葉になった。さらに、一つの乗り物に複数の人が乗っていることから映画や小説などの作品にも応用されるようになったのである。

ゴシック体の**ゴシック**って
中世ヨーロッパに生まれた概念

活字の書体の一つに「ゴシック体」というものがある。この「ゴシック」は、その他の分野でも数多く使われている。例えば、ゴシック建築、ゴシック小説（ゴシックホラーとも）など。また「ゴスロリ」というファッションは「ゴシックロリータ」の省略形だ。

もともと「ゴシック」は中世ヨーロッパで絵画、建築など美術の世界で生まれた様式であり、そこからゴシック小説が派生している。「ゴシック（Gothic）」は「Goth」から生まれた言葉であり、「ゴート人の＝ゴート風」という意味である。「ゴート人」とは、現在のドイツに住んでいたゲルマン系民族であり、いわゆるゲルマン大移動をした際にローマ帝国に戦いを挑み大きな打撃を与えている。それゆえ、「ゴシック」には「野蛮な」という意味が込められていた。現在、「ゴシック」は「退廃的、耽美的」といった意味で使われている。

上方の上って上方は「お上」のいるところ

関西地方のことを上方と言う。上方とは「お上のいるほう」という意味である。昔から、権力者を「お上」と言うが、上方の場合は「天皇」のことだ。この言い方は江戸時代に始まっている。政治の中心である江戸に対して、天皇のいる京都方面を上方としたのである。広義では、三河より西の西日本全体を指すこともあるが、厳密に言えばやはり京都のことを指す。最近では、大阪のイメージが強いが、かつては大阪でも上方と言えば京都を意味していたのだ。

おとぎ話のおとぎって
お殿様相手にするものだった

「桃太郎」や「浦島太郎」などの昔話や説話のことを「おとぎ話」と言う。「お」は接頭語、「とぎ」は「(特に夜に)話し相手をすること」を意味する。もともとは、位の高い公家などの相手をすることを言っていたのだが、戦国時代になると、殿様の相手をする役目を「御伽衆」と呼んだ。それが明治になると、大人が子どもに話して聞かせる昔話や説話を「おとぎ話」と言うようになったのである。

下町の下って
江戸時代武家社会の名残

東京の日本橋、神田、浅草、深川あたりを下町と称す。この呼称は江戸時代から始まっている。江戸では、武家が高台地域に屋敷を構え、町民は江戸の東側の低地に住んでいた。武家屋敷のある高台から見ると、町屋は下にあったため、下町と呼ばれるようになった。現代では、荒川区、江戸川区、葛飾区、江東区なども下町に含まれているが、江戸時代の下町は、隅田川の西側までであり、年輩の人の中には葛飾の柴又などは下町ではないと言う人もいる。

敵のアジトって大正時代に生まれた言葉だ

革命運動や労働運動の組織、あるいは犯罪集団などの秘密基地、隠れ家をアジトと言う。テレビニュースや新聞でも普通に使われている言葉だ。もともとアジトという外国語があったわけではない。このアジトは、英語のagitating pointを省略したものだ。agitating pointは直訳すれば「煽動する場所」であり、非合法組織の宣伝局を意味していた。そこから、隠れ家とか秘密基地を指すようになった。この言葉は日本で社会主義運動が盛んになった大正時代に使われ始めたと言われている。

弥生時代の**弥生**って
飛鳥時代や奈良時代とは違う命名法

日本の時代区分において、縄文時代の次、古墳時代の前に位置する時代を弥生時代と言う。他の時代の名称のうち、縄文時代、古墳時代は、その時代を表す遺物などの名称をそのまま使い、飛鳥時代、奈良時代などはその時代の都や政府が置かれた場所名を使っている。しかし、弥生時代はそのどちらでもない。では、弥生とは何か？

弥生時代の弥生とは、１８８４年（明治17年）に、この時代を表す土器が最初に発見された場所の名前である。

その場所とは東京大学の構内にあり、地名で言うと東京都文京区弥生（当時は東京府本郷区向ヶ丘弥生町）であり、この地名にちなみ、発見された土器が「弥生式土器」、そしてこの時代が「弥生式時代」と命名された。その後、次第に「弥生時代」と略されて言われるようになったのである。

判官びいきの**判官**って
実は歴史を感じさせる古い言葉なのだ

スポーツや勝負事で弱いほう、劣勢のほうを応援したくなる心情を「判官びいき」と言う。判官とは、日本の律令制における官職の一つであるが、なぜそれが「判官びいき」という言葉になったのだろうか？　この場合の判官とは源義経のことである。義経の役職が判官であり、判官とは源義経の代名詞なのである。

義経は、兄・頼朝を助けて平氏を絶滅するのに多大な貢献をしたが、頼朝と不和となり、反逆を企てたものの失敗、奥州に逃走し藤原氏の庇護の下にいたが、頼朝の圧力に負けた藤原泰衡に襲撃され、自殺するという悲劇の最期を遂げている。その悲劇性ゆえに、日本人は義経に同情する人が多いと言われている。そこから劣勢のほうを応援する心情を「判官びいき」と言うのである。

天王山の戦いの天王山って歴史を決める戦いの場所

「天王山の戦い」という言葉は現在でもよく使われているので、スポーツや勝負事において重要な試合を意味することも知られている。「天王山」という字面と「てんのうざん」という響きも、何かしら重厚さが感じられ、特別な意味があるように思われる。

この天王山は、実は京都府にある地名だ。この地にある「天王山トンネル」は名神高速道路の渋滞の名所であるので、知っている人も多いだろう。この天王山で、歴史に残る戦いがおこなわれている。その戦いとは、織田信長を討った明智光秀と羽柴秀吉との戦い（いわゆる山崎の戦い）であり、この戦いに勝った秀吉がその後、天下を統一するに至っている。そこから、この言葉が生まれたと言われている。

金字塔を打ち建てるの金字塔って金の塔ではなく、金の字の塔

今まで誰も達成していない記録や成績を残すことを「金字塔を打ち建てる」と言う。この使い方と「金字塔」という字面からして、何かものすごいものだとは想像できる。

「金の塔」ではなく「金の字の塔」であることに意味がある。では、金という字の形をしている塔とは、何か？

実は、金字塔とはピラミッドのことだ。ピラミッドを横から見ると金という字に似ているところからこう言うようになった。現在ではその本来の意味はすっかり忘れられ、言葉だけが使われているのだ。

白系ロシアの**白系**って
人種や地理ではなく、革命に関係あり

戦前から戦後にかけて活躍した伝説のプロ野球選手ビクトル・スタルヒンは白系ロシア人である。この白系ロシアに似た言葉に白ロシアがある。白ロシアとは、現在のベラルーシのことだ。この白ロシアと白系ロシアを混同し、白系ロシア人とはベラルーシ人のことだと思っている人もいる。しかし、白系ロシアと白ロシアはまったく違う。ベラルーシのベラは白を、ルーシは地名および民族名を意味している。一方、白系ロシアとは、ロシア革命の時に革命軍に敵対し、ロシア国外に亡命した人たちを指す言葉だ。つまり、革命軍＝共産主義者＝赤に敵対する人々なので、白系ロシアと言うわけである。

江戸前寿司の**江戸前**って
江戸の前に広がるものと言えば

上方に対して、江戸風の物事などを示す言葉に江戸前がある。
もともとは、押し寿司である上方風の寿司に対して、にぎり寿司を江戸前寿司と呼

んだことから始まった言葉だ。江戸前とは、その字のとおり、江戸の前、つまり、東京湾のことであり、特に品川あたりの海を指し、ここで獲れた魚で作る寿司を江戸前寿司と称した。魚は銚子あたりからも運ばれていたが、江戸の真ん前の品川産の魚のほうが新鮮であった。そのことから、いなせな江戸っ子の考え方ややり方を江戸前と称するようになったのである。

銀ブラのブラって
銀座をブラブラすることではない

銀ブラの意味は、「東京の銀座通りをブラブラすること」というのが通説になっているし、ほとんどの辞書でもこの意味が載っている。しかしこれは、もともとは違う意味で作られた言葉だ。

1911年（明治44年）に開店した銀座の喫茶店「カフェーパウリスタ」では、ブラジル政府から無償供与されていた〝ブラジルコーヒー〟が人気を呼び、作家や文化人、そして佐藤春夫、小泉信三ら慶応義塾大学の学生も常連として顔を出していた。大正に入ると、慶応の学生の中から「銀座にブラジルコーヒーを飲みに行く」という意味で〝銀ブラ〟という言葉が使われ始めたのである。それが次第に元の意味から離れ、「銀座をブラブラすること」という意味でも使われるようになり、次第にこちらのほうが主流になってしまったというわけである。

ちなみに、「カフェーパウリスタ」は現在も営業を続けており、生前のジョン・レノンも夫人のオノ・ヨーコとよく訪れたそうである。この〝銀ブラ〟についてもホームページに詳しく書かれている。

日本にあるのは何か変？ ロマンチック街道のロマンチックって

ロマンチックを辞書で引けば、「現実を離れ、情緒的で甘美なさま」（大辞泉）とあるように、多くの日本人はこの言葉に良い印象を持っている。それゆえ、ロマンチック街道と聞けば無条件に「ロマンチック」な街道をイメージしてしまうのも仕方ないことだろう。しかし、ドイツにあるこの名を持つ街道には、甘美な意味はない。

ロマンチック街道とは、ドイツ南部バイエルン州ヴュルツブルクからフュッセンまで続く観光道路であり、さらにその先はイタリアへと向かっている。この街道は、ローマに行くための道としてローマ人により作られたと言われている。つまり、ロマンチック街道は「ローマへ向かう道」という意味なのだ。最近では日本でもロマンチック街道を名乗る道があるが、当然ローマには続いていないので、何か変では？

豪州の豪って
豪州は、漢字制限で生まれた

英吉利と書くイギリスを英、仏蘭西と書くフランスを仏、伊太利亜と書くイタリアを伊と略するのはわかるし、亜米利加と書くアメリカを米と略すのもまあ、納得できる。しかし、オーストラリアを豪（州）と略すのはわからない。

あまり知られていないが、オーストラリアの漢字表記は、濠太剌利。これは、英吉利や仏蘭西と同じく、もともと中国で使われていた当て字を、日本でもそのまま使ったのである。日本ではその後、濠が常用漢字ではないため、豪を使うようになっている。

なぜ、オーストラリアの当て字が濠太剌利なのか、特に頭の部分の濠については、諸説ある。この字の読みは北京語でhao、広東語ではhou。この広東語の読みから、濠の字が使われたのではないかと言われているが、真偽は確かではない。

いずれにせよ、今では、濠太剌利はまったくと言ってよいほど使われず、豪、そして豪州だけが生き残っているという次第である。

また、豪国ではなく豪州なのは、オーストラリアが大陸であることから、大陸を意味する州が使われているのだ。

太平洋の太平って太平洋は英語の直訳

太平洋と大西洋は、音も字面も似ているが、その意味はまったく違う。

大西洋の語源としては、まずヨーロッパを指す言葉に泰西があり、ヨーロッパにある海ということから泰西洋と言われるようになった。さらに「泰」が意味の近い「大」に変化して大西洋となったという説である。もう一つは、古代ローマにおけるこの海の名前「西の大洋（Oceanus occidentalis）」を日本語に訳して大西洋となったという説である。いずれにせよ、大西洋は、西の大きな海と言うことができる。

一方太平洋は、ヨーロッパ人として初めてこの海を見たマゼランが「穏やかな海」という意味で「Pacific Ocean」と名付けたことが由来である。Pacific には、「穏やかな、静かな、太平な」という意味がある。この「Pacific Ocean」を直訳して「太平洋」としたと言われている。つまり、太平洋の太平は、天下太平の太平と同じということになる。大西洋が大であり、太平洋が太であることも、以上のことで説明ができきる。

一口坂の一口って
読みは「ひとくちざか」ではない

東京都千代田区の靖国神社の裏に一口坂という坂がある。この坂に面して某ラジオ局系列の音響スタジオがあり、その名を一口坂《ひとくちざか》スタジオ（現在閉鎖）と言う。そのためか、この坂の名前も「ひとくちざか」だと思っている人がほとんどではないだろうか？　しかしこの坂の名前は「ひとくちざか」ではない。正しい呼び方は「いもあらいざか」だ。「一口」と書いて「いもあらい」と読むのである。

なぜ、「一口」が「いもあらい」なのか？

京都に「一口稲荷」という名前の稲荷があり、疱瘡（天然痘）を治す力を持っていると言われている。そして、疱瘡によりできた痘痕を「いも」と言い、これをきれいにする（＝洗い流す）ことから、「いもあらい稲荷」と言われるようになる。さらに、この稲荷は池のほとりにあり、一方向からしか行くことができなかった。つまり、入り口が一口しかなかった。そこから「一口」と書いて「いもあらい」と呼ぶようになる。そして、江戸で疱瘡が流行した時、京から「一口稲荷」を勧請し、この

「一口稲荷」が立った場所を「一口《いもあらい》」と称するようになったと言われている。この言い伝えがある土地が東京には何ヵ所かあり、千代田区にある一口坂もその一つだ。ゆえにこの坂も「いもあらいざか」と言うのである。

関の山の関って、山って山ではない山とはなんだ？

物事の限界を表す言葉に「関の山」があるが、この「関」とは何か？　関とは、東海道五十三次の関宿（現在の三重県亀山市関町）のことだ。この関宿に言葉に残るほどの山があるのかと言えば、そんな山はここにはない。この山は、マウンテンの山ではなく、山車のことなのだ。山車とはお祭りの時に豪華な装飾を施した車のことで、関東では「だし」と言い、関西では「やま」と言う。

なぜ関宿の山車が、「関の山」という言葉のもとになったのか？　一説では、関宿の八坂神社のお祭りの時の山車がとても豪華のものであったことから、これ以上豪華なものは望めないという意味で「関の山」という言葉が生まれたと言われている。元は、肯定的に使われていたのだが、その後、否定的に「限界」を意味するようになったのだ。

湘南地方の湘って南はあっても、北がないわけは

石原裕次郎、加山雄三、サザンオールスターズなど、数々のスターを生み出している湘南地方は、おしゃれでかっこいいイメージがあり、一つのブランドとなっている。普通、湘南と書いてあれば、湘の南を意味する。もしそうであるならば、この湘南地方の北側には湘に関わる何かがあるはずだが、地図を見てもそれらしきものはない。また、湘南があれば、湘北や湘東などがあっても良いはずなのに、これもまたない。

実は、湘南とは相模国の南部という意味だと言われている。つまり、本来なら相南となるべきところを、湘南と変えているのである。湘南となったのには、いくつかの説がある。単に、字面の良さで湘が選ばれたという説もあるが、少々説得力が足らない。有力だと考えられているのが、中国の湘南にちなんでいるというものだ。中国の湘南は、現在の湖南省南部にかつてあった県の名前だ。この湘南は、揚子江(長江)の支流である湘江の南側を意味している。この湘南県は、風光明媚であり、さらに禅宗の寺が多いことが、鎌倉と似ているところから、幕府があった頃に、この周辺を湘

南と称したのが初めと言われている。さらに、明治時代に、作家・徳冨蘆花が1900年に発表した随筆集『自然と人生』の中で、逗子周辺を湘南と紹介し、そこから湘南という言葉が一般的になった。結局、湘南とは直接的には無関係の中国の地名をいただいたということであり、意味はないということになる。

パキスタン、アフガニスタンのスタンって スタンはペルシャ語、意味は……

パキスタンのように「……スタン」が付く名前の国が6ヵ国（キルギスの旧国名キルギスタンも含めれば7ヵ国）ある。国名ではない地名になると、もう無数にある。この「スタン（スターンとも表記する）」は、「国、土地」を意味するペルシャ語と考えられている（厳密に言えば、東部ペルシャ語）。パキスタンは「清浄な」を意味する「パーク」に「スタン」が付いたもので「清浄な国」という意味を持つ。アフガニスタンは「アフガン人の国」、カザフスタンは「カザフ人の国」という意味である。

中国地方の**中国**って
かつては、中国地方はもっとあった

岡山、広島、鳥取、島根、山口の5県がある地域を中国地方と言う。この呼び名は、飛鳥時代後期に実施された律令制に基づくものと言われている。律令制では、畿内地方の近くにある国を近国（近江、伊勢、若狭など現在の関西、東海、北陸周辺）、遠くにある国を遠国（武蔵、上野、土佐、豊前など現在の関東、四国、九州周辺）と呼び、その中間にある国を中国と呼んだ。この中国には、現在の中国地方以外の国、例えば、現在の中部地方（飛騨、甲斐など）や北陸地方（能登、越中など）も含まれている。なぜこの地域だけを中国地方と呼ぶのかについては、はっきりしていないが、この地域の代名詞として中国地方の呼び名が定着し、今日に至っていると考えられている。

二重橋の**二重**って
二つあるから二重橋ではない

皇居の正門を入ってすぐのところに二つの橋が架かっている。一般にこの二つを総称して「二重橋」と言うことが多いが、正しくは奥の橋が「二重橋」である。かつては、地方から上京してきた人は必ず、ここを訪れるほどの東京の名所の一つであった。ところで、この橋の正式名称は「正門鉄橋」であり（手前の橋は「正門石橋」）、「二重橋」は通称だ。なぜ、この橋を「二重橋」と言うのか？　橋が二つあることから、正門側から見ると二重に見えるからだと考える人もいるが、これは間違い。現在の「正門鉄橋」は、1964年9月に架け替えられたのだが、それ以前の橋は、補強のために途中に台があり、橋桁が上下二段に架けられていた。そこから、この橋を「二重橋」と言うようになったのだ。残念ながら現在の橋は二重にはなっていないのだが、通称の「二重橋」はそのまま生き残っているのである。

赤坂見附の**見附**って
江戸時代には36ヵ所もあった見附

地下鉄の駅名にもあるので赤坂見附が有名だが、東京には牛込見附、市ヶ谷見附、四谷見附と合わせて四つの見附がある。「見附」とは読んで字のごとく「見付ける」場所、つまり「見張り場所」のことである。何を見付けるかと言えば、江戸城に侵入しようとする不審者だ。江戸城にはこの見附が36ヵ所あったとされる。そのほとんどは門と呼ばれ（虎ノ門や半蔵門もその一つ）、赤坂、牛込、市ケ谷、四谷はそのまま見附と呼ばれていたのである。

越前・越後の前・後って地図上の位置によって入れ代わる「前と後」

旧国名には、越前・越後のように「前・後」が付くものがある。この「前・後」の付く国名を見て行くと、疑問が生じる。越前は現在の福井県であり、越後は新潟県、この二つを見ると福井が西、新潟が東に位置している。対して、現在の岡山県南東部を中心とする備前は東に、広島県東部にあたる備後が西に位置している。なぜ、一方は西に「前」、東に「後」があり、一方は東に「前」、西に「後」があるのだろうか？

答えは簡単。国名の前後は、京都を基準にしているから、その場所によって違うのである。つまり、越後より越前が、備後より備前が京から近い所にあるからなのである。ちなみに「上・下」も同様である。現在の千葉県にあたる上総が海側に、下総が陸側にあるのは、京へは海路のほうが早く行けたからである。

第11章

人名に由来する言葉

ヘボン式ローマ字の**ヘボン**って
あの名女優と遠い親戚

ローマ字の表記方法の一つにヘボン式があるが、このヘボンとは、この表記法を考案した人物の名前である。正しくはジェームズ・カーティス・ヘボン。幕末の1859年（安政6年）に来日したアメリカ人であり、医師兼宣教師として活動した。1867年（慶応3年）に編纂した『和英語林集成』という辞書において、ローマ字を採用。これをヘボン式ローマ字と言うようになったのである。

このヘボンを英語で表記するとHepburnとなる。つまりヘボンは正しくは、女優のオードリーやキャサリンと同じヘプバーンだ（オードリーとは無関係だが、キャサリンとは遠縁にあたると言われている）。

では、なぜヘプバーンがヘボンになったのか？　これは本人自身が当時の日本人にわかりやすいようにヘボンと称し、漢字で平文と書いたのである。ヘボンはこの『和英語林集成』のほかに、聖書の和訳や外科手術などもおこない、私塾ヘボン塾を開き、高橋是清らを育てている。このヘボン塾は現在の明治学院である。

松花堂弁当の**松花堂**って入れ物を作った人の名前

幕の内弁当と並んで和風弁当の代表格である松花堂弁当は、懐石料理の流れを汲むと言われ、高級感を感じさせる。しかし、この松花堂弁当はその名の重みに反して、歴史は意外と新しい。

もともと松花堂とは、江戸時代初期、京都は石清水八幡宮の僧、松花堂昭乗にちなんでいる。文人としても知られる松花堂昭乗は、四角い箱の中を十字に仕切った入れ物を考案し、絵の具箱や煙草入れとして利用していた。そこから歴史は昭和初期に移り、石清水八幡宮を訪れたある料亭の主人がこの箱を見て、弁当箱にすることを思いつく。そしてその名を松花堂昭乗から松花堂弁当としたのだ。つまり松花堂は、弁当を考えた人ではなく、容器を考えた人の名前なのである。

市松模様、市松人形の**市松**ってこの模様を好んで着た役者の名前が由来

色の違う四角い升目が交互に並んだ模様を市松模様と言うが、この名前は江戸時代

の歌舞伎役者佐野川市松から来ている。ただし、佐野川市松がこの模様を考案したわけではない。模様自体はそれ以前からあったのだが、市松がこの模様の袴をはいて人気を博したことから、着物の柄に取り入れる人が多く現れた。それゆえ、市松模様と呼ばれるようになったと言われている。ちなみに、京人形の一つである市松人形は、顔が佐野川市松に似ているからとか、市松模様の着物を着ているからなどの説がある。

SMのMって Sは有名だが、Mは誰？

SMという言葉は、現在では市民権を獲得している。

もともとSMとは、性的嗜好性を指す言葉であり、Sは加虐的嗜好（あるいは加虐的性欲）、Mは被虐的嗜好（あるいは被虐的性欲）を意味する。今日では、性的な意味を離れ、能動的な性格をS、受動的な性格をMと呼んだりしている。

S（サドあるいはサディズム）が、フランスの侯爵マルキ・ド・サドが由来だということを知っている人は多いだろう。でも、M（マゾあるいはマゾヒズム）が何から来ているかは意外と知らないのではないか？

マゾは、オーストリアの小説家ザッヘル・マゾッホが由来となっている言葉だ。マゾッホは、性的に被虐的嗜好があったと言われ、そこから、被虐的嗜好（あるいは被虐的性欲）をドイツの精神医学者クラフト・エビングが「マゾヒズム」と命名したのである。

きんぴらごぼうのきんぴらって
きんぴらは強さの象徴

ごぼうなどの野菜を醤油、みりん、唐辛子などで甘辛く炒めた総菜をきんぴらと言う。きんぴらと言えば、この食べ物を思い浮かべるだろう。では、きんぴらとは何か？

きんぴらは漢字では金平と書く。金平とは人の名であり、苗字は坂田。足柄山の金太郎としても知られる坂田金時の息子である。しかし、金平は実在の人物ではなく、浄瑠璃の中の登場人物だ。

ではなぜこの食べ物に、きんぴらの名が付けられたのか？　金平は、父親金時に負けず劣らず怪力で強い男として描かれていたため、当時、強いもの、頑丈なものには金平の名前が付けられていた。ごぼうも、歯ごたえが強く、精がつくことから、金平の名前が付けられたということである。

備長炭の**備長**って 紀州の炭問屋主人の名前から

備長炭は、炎が上がりにくいので煙が少なく、火力が長時間安定しているため、炭火焼きに向いている。よく焼き鳥屋や鰻屋の店頭に、「備長炭使用」と書いた看板が出ているので、知名度も高い。

備長炭の備長も、人名に由来している言葉だ。備長炭は江戸時代の元禄年間に紀州で誕生したのだが、これを作り出したのが紀州の炭問屋の備中屋長左衛門（通称・備長）という人物。しかし、備長炭を作ったのは別の人物で、備長は世の中に備長炭を広めた人物という説もあり、現在ではこちらのほうが正しいと考えられている。いずれにせよ、備長炭の備長は、備中屋長左衛門から来ているのである。

行平鍋の**行平**って なぜ平安の歌人の名前が付いたのか

行平鍋とは、厚手で、取っ手と注ぎ口、ふたのある鍋のことであり、粥を炊いたり、煮物を作るのに向いている。この行平とは、在原行平のことである。行平は、業平の兄であり、平安時代を代表する歌人の一人。行平が須磨の海岸で海女《あま》に潮を汲ませて塩を焼いたという故事があり、その時に使った器がこれに似ていたことから、行平の名前が付いたと言われている。弟に比べて知名度は劣るものの、この鍋の名前になったことで今日まで長くその名が残っているわけである。

テディベアのテディって
大統領のほのぼのエピソードがきっかけ

「テディベア」とは、小さな熊のぬいぐるみの名称である。このぬいぐるみが、世に登場したのは19世紀末と言われているが、その時にはまだ「テディベア」という名は付いていない。この小さな熊のぬいぐるみに「テディ」という名が付いたのは、1902年のことである。当時のアメリカ合衆国第26代大統領セオドア・ルーズベルトがミシシッピ州に狩猟に出かけた時、獲物をしとめることができなかった大統領に対して、同行者が撃った瀕死の熊を差し出し大統領にとどめを刺すように言ったが、大統領はそれを拒否した。このエピソードが漫画として新聞に掲載され、それを読んで感激した女性が、熊のぬいぐるみに大統領のニックネームのテディをつけて「テディベア」として売り出したところ、大ヒットした。それ以来、小さな熊のぬいぐるみを「テディベア」と言うようになったのである。

セ氏のセって氏は名前に付く氏

通常日本では温度の単位には、セ氏温度が使われている。テレビの天気予報でも頻繁に言われているので、おなじみの言葉だろう。しかし、このセ氏とは何のことだろうか？　「セ」とは、「氏」とは何か？　なじみの深いわりには謎の多い言葉と言えるだろう。

「セ氏」の「セ」は、この温度を考えた人物の最初の文字であり、「氏」は人名のあとに付ける「氏」である。この「セ氏」とは、スウェーデンの天文学者アンデルス・セルシウスのこと。セ氏には「摂氏」という漢字を当てる場合があるが、これは中国語の表記「摂爾修斯」の「摂」である。ちなみに、温度の単位には「華氏」というのもある。レイ・ブラッドベリー原作、フランソワ・トリュフォー監督の名画「華氏451」でも知られている「華氏」は、「セ氏」同様、考案者のドイツの物理学者ガブリエル・ファーレンハイトの中国語表記「華倫海」の頭の文字である。

せっしゅうするの**せっしゅう**って
映画やテレビの世界で普通に使われている言葉

映画やテレビなど映像の世界で使われる言葉に「せっしゅうする」というのがある。これは、男優が背の低い場合、相手役の背とバランスを取るために、台などに乗せることを言う。この行為をなぜ「せっしゅうする」と言うのだろうか？

「せっしゅう」とは、俳優の早川雪洲のことである。早川は戦前のハリウッドで活躍したのだが、当時の日本人が皆そうであるように、アメリカ人俳優に比べると極端に背が低く、並んで撮影する場合は非常にバランスが悪かった。そのため、いわゆる2ショットでの撮影の際には、早川を台に乗せていた。そのことが日本の映画界にも伝わり、同様の手法を「雪洲する」と言うようになり、現在でも使われているのである。

プラトニックラブの**プラトニック**って
当の本人は「プラトニック」ではなかった？

性愛を伴わない精神的な愛を「プラトニックラブ」と言い、ルネサンス時代にイタリアで生まれ、その後、世界的に幅広く使われている言葉だ。この「プラトニック(platonic)」はギリシャ時代の哲学者プラトン(Platon)に由来し、「プラトン的」という意味がある。プラトンはその著書『饗宴』の中で「肉体に惹かれる愛より、精神に惹かれる愛」のほうが優れていると説いており、そのことから精神的な愛を「プラトニックラブ」と呼ぶようになったのだ。プラトン自身は、同性愛者であり、「プラトニックラブ」の実践者ではなかったと言われている。

参考文献

『日本語源大辞典』（前田富祺・監修、小学館）
『日本俗語大辞典』（米川明彦・編、東京堂出版）
『暮らしのことば新語源辞典』（山口佳紀・編、講談社）
『語源辞典　名詞編』（草川昇・編、東京堂出版）
『語源辞典　形容詞編』（吉田金彦・編、東京堂出版）
『語源辞典　動物編』（吉田金彦・編、東京堂出版）
『語源辞典　植物編』（吉田金彦・編、東京堂出版）
『新装版　江戸語大辞典』（前田勇・編、講談社）
『新版　大阪ことば事典』（牧村史陽・編、講談社）
『ちょっと古風な日本語辞典』（東郷吉男・著、東京堂出版）
『身近なことばの語源辞典』（西谷裕子・著、米川明彦・監修、小学館）
『この日本語の語源を知っていますか？』（日本語倶楽部・編、河出書房新社）
『みんなの語源　知って得する！日常語の由来１８４』（三上文明・著、野口元大・監修、山海堂）

『語源』（山田俊幸・編著、ＰＨＰ研究所）
『語源　なるほどそうだったのか！』（興津要・著、日本実業出版社）
『誰も知らない語源の話』（増井金典・著、ベスト新書）
『答えられそうで答えられない語源』（出口宗和・著、二見書房）
『語源　面白すぎる雑学知識Ｐａｒｔ３』（日本語倶楽部・編、青春ＢＥＳＴ文庫）
『猫ばばの謎　知らないと恥ずかしい語源３００』（日本語倶楽部・編、ＫＡＷＡＤＥ夢文庫）
『現代用語の大語源』（日本語の謎研究会・編、青春ＢＥＳＴ文庫）
『語源の日本史探検』（板坂元・編、同文書院）
『思わず人に話したくなる　なるほど！日本語うんちく事典』（中江克己・著、ＰＨＰ研究所）
『誰もが「うっかり」誤用している日本語の本』（井口樹生・著、講談社＋α文庫）
『新編　日本語誤用・慣用小辞典』（国広哲弥・著、講談社現代新書）
『知っているようで知らない日本語』（柴田武・著、ＰＨＰ文庫）
『常識として知っておきたい日本語』（柴田武・著、幻冬舎）
『どこかおかしい日本語――日本語誤用辞典』（吉沢典男・著、ごま書房）

『歴史から生まれた日常語の由来辞典』（武光誠・著、東京堂出版）
『すぐに使える言葉の雑学』（エンサイクロネット・著、ＰＨＰ研究所）
『知らない日本語　教養が試される３４１語』（谷沢永一・著、幻冬舎）
『今さら意味を聞けない日本語１０００』（エンサイクロネット・編著、幻冬舎）
『美人の日本語』（山下景子・著、幻冬舎）
『プロが使う秘密の日本語』（高島徹治・著、幻冬舎）
『目からウロコ！日本語がとことんわかる本』（日本社・著、講談社＋α文庫）
『ことばの輪』（稲垣吉彦・著、文藝春秋）
『新版　すらんぐ』（暉峻康隆・著、勉誠出版）
『明治東京風俗語事典』（正岡容・著、有光書房）
『明治大正新語俗語辞典』（樺島忠夫、飛田良文、米川明彦・編、東京堂出版）
『明治・大正・昭和の新語・流行語辞典』（米川明彦・編著、三省堂）
『昭和ことば史60年』（稲垣吉彦、吉沢典男・監修、講談社）
『昭和語　60年世相史』（榊原昭二・著、朝日文庫）
『流行語・隠語辞典』（塩田勝・編著、三一新書）

『衣食住語源辞典』（吉田金彦・編、東京堂出版）
『新ファッションビジネス基礎用語辞典』（バンタンコミュニケーションズ・企画編集、チャネラー）
『新・田中千代服飾事典』（田中千代・著、同文書院）
『ファッション大辞典』（吉村誠一・著、繊研新聞社）
『ハードボイルドの雑学』（小鷹信光・著、グラフ社）
『相撲大事典』（金指基・著、日本相撲協会・監修、現代書館）
『決定版！　野球の英語小辞典』（黒川省三、ジェイソン・B・オールター・著、創元社）
『暮らしの中の芸能用語』（相羽秋夫・著、東方出版）
『日本音楽基本用語辞典』（音楽之友社・編、音楽之友社）
『知ってびっくり業界隠語』（長岡喜三郎・著、サンドケー出版局）
『業界用語事典　マスコミ篇』（制作集団Q・編、柘植書房）
『たべもの語源辞典』（清水桂一・編、東京堂出版）
『西洋たべもの語源辞典』（内林政夫・著、東京堂出版）

『食材図典』（小学館）
『パンの美学　工芸パンの技法と作品集』（灘吉利晃・著、ホームメイド協会）
『食のことば　これは知らなかった!!』（三宮庄二、幸田美智子・著、宮帯出版社）
『お料理用語じてん。』（田中優子・監修、アントレックス）
『改訂調理用語辞典』（全国調理師養成施設協会・編、全国調理師養成施設協会）
『ヒット商品グラフィティ』（赤塚行雄・監修、三省堂）
『アンデスメロンは安心です』（田中ひろみ・著、ぶんか社文庫）
『ペット用語事典　犬・猫編』（どうぶつ出版・編、どうぶつ出版）
『たのしい雑学読本』（坪内忠太・編著、新講社）
『文字の不思議　面白すぎる雑学知識』（博学こだわり倶楽部・編、青春ＢＥＳＴ文庫）
『大人のための話のネタ事典』（大疑問研究会・著、ＰＨＰ研究所）
その他、各種辞典（百科事典、国語辞典、古語辞典など）を参考にしました。

本書は文庫書下ろしです。

|著者| 金澤信幸　1955年東京都生まれ。法政大学卒業後、編集プロダクション、雑誌編集部を経て、フリーの編集者に。これまでに『昭和広告60年史』(講談社)、『盛田昭夫語録』(小学館文庫)、『ぴあシネマクラブ』(ぴあ) などの編集に携わる。

バラ肉《にく》のバラって何《なに》?
誰《だれ》かに教《おし》えたくてたまらなくなる"あの言葉《ことば》"の本当《ほんとう》の意味《いみ》
金澤信幸《かなざわのぶゆき》

講談社文庫
定価はカバーに
表示してあります

2013年6月14日第1刷発行

発行者——鈴木　哲
発行所——株式会社　講談社
東京都文京区音羽2-12-21　〒112-8001
電話　出版部　(03) 5395-3510
　　　販売部　(03) 5395-5817
　　　業務部　(03) 5395-3615

Printed in Japan

デザイン—菊地信義
本文データ制作—講談社デジタル製作部
印刷———豊国印刷株式会社
製本———株式会社大進堂

ISBN978-4-06-277594-6

講談社文庫刊行の辞

二十一世紀の到来を目睫に望みながら、われわれはいま、人類史上かつて例を見ない巨大な転換期をむかえようとしている。

世界も、日本も、激動の予兆に対する期待とおののきを内に蔵して、未知の時代に歩み入ろうとしている。このときにあたり、創業の人野間清治の「ナショナル・エデュケイター」への志を現代に甦らせようと意図して、われわれはここに古今の文芸作品はいうまでもなく、ひろく人文・社会・自然の諸科学から東西の名著を網羅する、新しい綜合文庫の発刊を決意した。

激動の転換期はまた断絶の時代である。われわれは戦後二十五年間の出版文化のありかたへの深い反省をこめて、この断絶の時代にあえて人間的な持続を求めようとする。いたずらに浮薄な商業主義のあだ花を追い求めることなく、長期にわたって良書に生命をあたえようとつとめるところにしか、今後の出版文化の真の繁栄はあり得ないと信じるからである。

同時にわれわれはこの綜合文庫の刊行を通じて、人文・社会・自然の諸科学が、結局人間の学にほかならないことを立証しようと願っている。かつて知識とは、「汝自身を知る」ことにつきていた。現代社会の瑣末な情報の氾濫のなかから、力強い知識の源泉を掘り起し、技術文明のただなかに、生きた人間の姿を復活させること。それこそわれわれの切なる希求である。

われわれは権威に盲従せず、俗流に媚びることなく、渾然一体となって日本の「草の根」をかたちづくる若く新しい世代の人々に、心をこめてこの新しい綜合文庫をおくり届けたい。それは知識の泉であるとともに感受性のふるさとであり、もっとも有機的に組織され、社会に開かれた万人のための大学をめざしている。大方の支援と協力を衷心より切望してやまない。

一九七一年七月

野間省一

講談社文芸文庫

古井由吉
聖耳
解説=佐伯一麦　年譜=著者
五度にわたる眼の手術の後、聴覚にまで異常を来し始めた男。目前に広がるのは夢か、現か。文学と日本語の可能性を極限まで追究する著者の真骨頂を示す連作短篇。
978-4-06-290198-7
ふA7

講談社文芸文庫・編
大東京繁昌記　山手篇
解説=森まゆみ
明治・大正から昭和へと、大きく変わりゆく東京の姿を、島崎藤村、高浜虚子、徳田秋声、小山内薫ら当時の一流文士たちが、魅力溢れた筆致で描いた街歩きの歴史的名著。
978-4-06-290195-6
こJ29

折口信夫
折口信夫対話集
安藤礼二編
解説=安藤礼二　年譜=著者・安藤礼二
折口が語り合う文学、民俗学、宗教論。相手は北原白秋、室生犀星、谷崎潤一郎、川端康成、小林秀雄、柳田国男、鈴木大拙といった、こちらも日本の知の巨匠たち。
978-4-06-290197-0
おW4

講談社文庫　目録

川端裕人　星と半月の海
鹿島　茂　平成ジャングル探検
鹿島　茂　悪女の人生相談
鹿島　茂　妖人白山伯
片川優子　佐藤さん
片川優子　ジョナさん
神山裕右　カタコンベ
神山裕右　サスツルギの亡霊
かしわ哲　茅ヶ崎のてっちゃん
金田一春彦　安西愛子　編　日本の唱歌全三冊
加賀まりこ　純情ババァになりました。
門倉貴史　新版　偽造・贋作・ニセ札と闇経済
門田隆将　甲子園への遺言〈伝説の打撃コーチ高畠導宏の生涯〉
門田隆将　甲子園の奇跡〈斎藤佑樹と早実百年物語〉
柏木圭一郎　京都『源氏物語』華の道の殺人
柏木圭一郎　京都紅葉寺の殺人
柏木圭一郎　京都嵯峨野　京料理の殺意
柏木圭一郎　京都大原　名旅館の殺人
風見修三　修善寺温泉殺人情景〈駅弁味めぐり事件ファイル〉

梶尾真治　波に座る男たち
鏑木　蓮　東京ダモイ
鏑木　蓮　屈折光
鏑木　蓮　時限
鏑木　蓮　救命拒否
川上未映子　そら頭はでかいです、世界がすこんと入ります
川上未映子　わたくし率 イン 歯ー、または世界
川上未映子　ヘヴン
川上弘美　ハヅキさんのこと
加藤健二郎　戦場のハローワーク
加藤健二郎　女性兵士
海堂　尊　外科医　須磨久善
海堂　尊　新装版　ブラックペアン1988
海堂　尊　ブレイズメス1990
加野厚志　幕末暗殺剣〈龍馬と総司〉
垣根涼介　真夏の島に咲く花は
川上英幸　湯船の姉弟《きょうだい》〈湯船屋船頭辰之助〉
川上英幸　丁半三番勝負〈湯船屋船頭辰之助〉
海道龍一朗　百年の亡国〈憲法破却〉

海道龍一朗　天佑、我にあり(上)(下)〈天海譚　戦川中島異聞〉
海道龍一朗　真剣(上)(下)〈新陰流を創った漢、上泉伊勢守信綱〉
海道龍一朗　乱世疾走(上)(下)〈禁中御庭者綺譚〉
金澤　治　電子メディアは子どもの脳を破壊するか
樫崎　茜　ボクシング・デイ
上條さなえ　10歳の放浪記
加藤秀俊　隠居学〈おもしろくてたまらないヒマつぶし〉
鹿島田真希　ゼロの王国(上)(下)
門井慶喜　パラドックス実践　雄弁学園の教師たち
加藤　元　山姫抄
加藤　元　嫁の遺言
片島麦子　中指の魔法
亀井　宏　ドキュメント　太平洋戦争全史(上)(下)
金澤信幸　バラ肉のバラって何？〈誰かに教えたくてたまらなくなる"あの言葉"の本当の意味〉
岸本英夫　死を見つめる心〈ガンとたたかった十年間〉
北方謙三　君に訣別の時を
北方謙三　われらが時の輝き
北方謙三　夜の終り
北方謙三　帰路

講談社文庫　目録

北方謙三　錆びた浮標《ブイ》
北方謙三　汚名の広場
北方謙三　夜の眼
北方謙三　逆光の女
北方謙三　行きどまり
北方謙三　真夏の葬列
北方謙三　試みの地平線〈伝説復活編〉
北方謙三　煤煙
北方謙三　そして彼が死んだ
北方謙三　旅のいろ
北方謙三　新装版 活路(上)(下)
北方謙三　夜が傷つけた
北方謙三　新装版 余燼(上)(下)
菊地秀行　魔界医師メフィスト〈黄泉姫《よみひめ》〉
菊地秀行　魔界医師メフィスト〈影斬士《えいざんし》〉
菊地秀行　魔界医師メフィスト〈怪屋敷〉
菊地秀行　吸血鬼ドラキュラ
北原亞以子　深川澪通り木戸番小屋
北原亞以子　深川澪通り燈ともし頃

北原亞以子　新地橋〈深川澪通り木戸番小屋〉
北原亞以子　夜の明けるまで〈深川澪通り木戸番小屋〉
北原亞以子　降りしきる
北原亞以子　風よ聞け〈雲の巻〉
北原亞以子　贋作《うそばっかり》天保六花撰《えどのはなし》
北原亞以子　花冷え
北原亞以子　歳三からの伝言
北原亞以子　お茶をのみながら
北原亞以子　その夜の雪
北原亞以子　江戸風狂伝
岸本葉子　三十過ぎたら楽しくなった!
岸本葉子　女の底力、捨てたもんじゃない
桐野夏生　顔に降りかかる雨
桐野夏生　天使に見捨てられた夜
桐野夏生　OUT《アウト》(上)(下)
桐野夏生　ローズガーデン
桐野夏生　ダーク(上)(下)
京極夏彦　文庫版 姑獲鳥《うぶめ》の夏
京極夏彦　文庫版 魍魎《もうりょう》の匣《はこ》

京極夏彦　文庫版 狂骨《きょうこつ》の夢《ゆめ》
京極夏彦　文庫版 鉄鼠《てっそ》の檻《おり》
京極夏彦　文庫版 絡新婦《じょろうぐも》の理《ことわり》
京極夏彦　文庫版 塗仏《ぬりぼとけ》の宴《うたげ》―宴の支度
京極夏彦　文庫版 塗仏の宴―宴の始末
京極夏彦　文庫版 百鬼夜行―陰
京極夏彦　文庫版 百器徒然袋―雨
京極夏彦　文庫版 百器徒然袋―風
京極夏彦　文庫版 今昔続百鬼―雲
京極夏彦　文庫版 陰摩羅鬼《おんもらき》の瑕《きず》
京極夏彦　文庫版 邪魅《じゃみ》の雫
京極夏彦　文庫版 死ねばいいのに
京極夏彦　分冊文庫版 姑獲鳥《うぶめ》の夏(上)(下)
京極夏彦　分冊文庫版 魍魎《もうりょう》の匣《はこ》(上)(中)(下)
京極夏彦　分冊文庫版 狂骨《きょうこつ》の夢《ゆめ》(上)(中)(下)
京極夏彦　分冊文庫版 鉄鼠《てっそ》の檻《おり》全四巻
京極夏彦　分冊文庫版 絡新婦《じょろうぐも》の理《ことわり》(一)(二)
京極夏彦　分冊文庫版 絡新婦《じょろうぐも》の理《ことわり》(三)(四)
京極夏彦　分冊文庫版 塗仏《ぬりぼとけ》の宴《うたげ》 宴の支度《したく》(上)(中)(下)

京極夏彦　分冊文庫版塗仏《ぬりぼとけ》の宴《うたげ》 宴の始末《しまつ》(上)(中)(下)
京極夏彦　分冊文庫版 陰摩羅鬼《おんもらき》の瑕《きず》(上)(中)(下)
京極夏彦　分冊文庫版 邪魅《じゃみ》の雫(上)(中)(下)
京極夏彦　分冊文庫版 ルー＝ガルー〈忌避すべき狼〉(上)(下)
京極夏彦　分冊文庫版 ルー＝ガルー2〈インクブス×スクブス 相容れぬ夢魔〉(上)(下)
北森　鴻　狐　罠
北森　鴻　メビウス・レター
北森　鴻　花の下にて春死なむ
北森　鴻　狐　闇
北森　鴻　桜　宵
北森　鴻　親不孝通りディテクティブ
北森　鴻　螢　坂
北森　鴻　香菜里屋《カナリヤ》を知っていますか
北森　鴻　親不孝通りラプソディー
北村　薫　盤上の敵
北村　薫　紙魚家崩壊〈九つの謎〉
岸　惠子　30年の物語
霧舎　巧　ドッペルゲンガー宮〈《あかずの扉》研究会流氷館へ〉
霧舎　巧　カレイドスコープ島〈《あかずの扉》研究会竹取島へ〉
霧舎　巧　ラグナロク洞〈《あかずの扉》研究会影郎沼へ〉
霧舎　巧　マリオネット園〈《あかずの扉》研究会首吊塔へ〉
霧舎　巧　霧舎巧 傑作短編集
霧舎　巧　名探偵はもういない
きむらゆういち あべ弘士 絵　あらしのよるにⅠ
きむらゆういち あべ弘士 絵　あらしのよるにⅡ
きむらゆういち あべ弘士 絵　あらしのよるにⅢ
木村元子 松田裕子　私の頭の中の消しゴム アナザーレター
木内一裕　藁の楯
木内一裕　水の中の犬
木内一裕　アウト&アウト
木内一裕　キッド
木内一裕　デッドボール
北山猛邦　『クロック城』殺人事件
北山猛邦　『瑠璃城』殺人事件
北山猛邦　『アリス・ミラー城』殺人事件
北山猛邦　『ギロチン城』殺人事件
北野輝一　あなたもできる陰陽道占
清谷信一　ル・オ・タ・ク〈フランスおたく物語〉
北　康利　白洲次郎 占領を背負った男(上)(下)
北　康利　福沢諭吉 国を支えて国を頼らず(上)(下)
北　康利　吉田茂 ポピュリズムに背を向けて(上)(下)
北原尚彦　死美人辻馬車
北尾トロ　テッカ場
樹林　伸　東京ゲンジ物語
貴志祐介　新世界より(上)(中)(下)
北川貴士　マグロはおもしろい〈美味のひみつ、生き様のなぞ〉
木下半太　暴走家族は回り続ける
木下半太　爆《は》ぜるゲームメイカー
黒岩重吾　古代史への旅
黒岩重吾　天風の彩王〈藤原不比等〉(上)(下)
黒岩重吾　中大兄皇子伝(上)(下)
栗本　薫　水曜日のジゴロ〈伊集院大介の探究〉
栗本　薫　真夜中のユニコーン〈伊集院大介の休日〉
栗本　薫　身も心も〈伊集院大介のアドリブ〉
栗本　薫　聖者の行進〈伊集院大介のクリスマス〉
栗本　薫　陽気な幽霊〈伊集院大介の観光案内〉
栗本　薫　女郎蜘蛛〈伊集院大介と幻の友禅〉

栗本　薫　第六の大罪〈伊集院大介の飽食〉
栗本　薫　逃げ出した死体〈伊集院大介と少年探偵〉
栗本　薫　六月の桜〈伊集院大介のレクイエム〉
栗本　薫　樹霊の塔〈伊集院大介の聖域〉
栗本　薫　木蓮荘綺譚〈伊集院大介の不思議な旅〉
栗本　薫　新装版　絃《いと》の聖域
栗本　薫　新装版　ぼくらの時代
黒井千次　カーテンコール
黒井千次　日の砦
倉橋由美子　よもつひらさか往還
倉橋由美子　老人のための残酷童話
倉橋由美子　偏愛文学館
黒柳徹子　窓ぎわのトットちゃん
久保博司　日本の検察
久保博司　新宿歌舞伎町交番
久保博司　歌舞伎町と死闘した男〈続・新宿歌舞伎町交番〉
工藤美代子　今朝の骨肉、夕べのみそ汁
黒川博行　燻り
黒川博行　てとろどときしん〈大阪府警・捜査一課事件報告書〉
黒川博行　国境
久世光彦　夢あたたかき〈向田邦子との二十年〉
黒田福美　ソウルマイハート
黒田福美　となりの韓国人〈傾向と対策〉
倉知　淳　星降り山荘の殺人
倉知　淳　猫丸先輩の推測
倉知　淳　猫丸先輩の空論
熊谷達也　迎え火の山
熊谷達也　箕《み》作《つく》り弥平《やへい》商伝記
鯨統一郎　北京原人の日
鯨統一郎　タイムスリップ森鷗外
鯨統一郎　タイムスリップ明治維新
鯨統一郎　タイムスリップ釈迦如来
鯨統一郎　富士山大噴火
鯨統一郎　タイムスリップ水戸黄門
鯨統一郎　MORNING GIRL
鯨統一郎　タイムスリップ戦国時代
鯨統一郎　タイムスリップ忠臣蔵
倉阪鬼一郎　青い館の崩壊〈ブルー・ローズ殺人事件〉
久米麗子　久米　宏　ミステリアスな結婚
轡田隆史　いまを読む名言〈昭和天皇からホリエモンまで〉
草野たき　透きとおった糸をのばして
草野たき　猫の名前
草野たき　ハチミツドロップス
黒田研二　ウェディング・ドレス
黒田研二　ペルソナ探偵
黒田研二　ナナフシの恋〈～Mimetic Girl～〉
黒木　亮　アジアの隼
黒木　亮　カラ売り屋
黒木　亮　エネルギー(上)(中)(下)
黒木　亮　冬の喝采(上)(下)
黒木　亮　リスクは金なり
熊倉伸宏　あそび遍路〈おとなの夏休み〉
黒野　耐《たえる》　「たられば」の日本戦争史〈もし真珠湾攻撃がなかったら〉
楠木誠一郎　火除け地蔵〈立ち退き長屋顛末記〉
楠木誠一郎　聞き耳地蔵〈立ち退き長屋顛末記〉
群像編　12星座小説集
けらえいこ　ハヤセクニコ　おきらくミセスの婦人くらぶ～

講談社文庫　目録

けらえいこ　セキララ結婚生活
玄侑宗久　慈悲をめぐる心象スケッチ
玄侑宗久　阿修羅
小峰元　アルキメデスは手を汚さない
今野敏　蓬莱
今野敏　ST警視庁科学特捜班
今野敏　ST警視庁科学特捜班〈毒物殺人〉
今野敏　ST警視庁科学特捜班〈黒いモスクワ〉
今野敏　ST警視庁科学特捜班〈青の調査ファイル〉
今野敏　ST警視庁科学特捜班〈赤の調査ファイル〉
今野敏　ST警視庁科学特捜班〈黄の調査ファイル〉
今野敏　ST警視庁科学特捜班〈緑の調査ファイル〉
今野敏　ST警視庁科学特捜班〈黒の調査ファイル〉
今野敏　ST為朝伝説殺人ファイル〈警視庁科学特捜班〉
今野敏　ST桃太郎伝説殺人ファイル〈警視庁科学特捜班〉
今野敏　ST沖ノ島伝説殺人ファイル〈警視庁科学特捜班〉
今野敏　ギガース〈宇宙海兵隊〉
今野敏　ギガース2〈宇宙海兵隊〉
今野敏　ギガース3〈宇宙海兵隊〉
今野敏　ギガース4〈宇宙海兵隊〉
今野敏　ギガース5〈宇宙海兵隊〉
今野敏　特殊防諜班　連続誘拐
今野敏　特殊防諜班　組織報復
今野敏　特殊防諜班　標的反撃
今野敏　特殊防諜班　凶星降臨
今野敏　特殊防諜班　諜報潜入
今野敏　特殊防諜班　聖域炎上
今野敏　特殊防諜班　最終特命
今野敏　茶室殺人伝説
今野敏　奏者水滸伝《そうしゃすいこでん》　阿羅漢集結《あらかんしゅうけつ》
今野敏　奏者水滸伝　小さな逃亡者
今野敏　奏者水滸伝　古丹《こたん》、山へ行く
今野敏　奏者水滸伝　白の暗殺教団
今野敏　奏者水滸伝　四人、海を渡る
今野敏　奏者水滸伝　追跡者の標的
今野敏　奏者水滸伝　北の最終決戦
今野敏　フェイク〈疑惑〉
今野敏　同期
小杉健治　灰の男
小杉健治　隅《すみ》田《だ》川《がわ》浮《うき》世《よ》桜《のさくら》
小杉健治　母《はは》子《こ》草《ぐさ》〈どぶ板文吾義侠伝〉
小杉健治　つぐない〈どぶ板文吾義侠伝〉
小杉健治　闇《やみ》鳥《とり》〈どぶ板文吾義侠伝〉
小杉健治　境界殺人〈新装版〉
後藤正治　奪われぬもの
後藤正治　牙〈江夏豊とその時代〉
後藤正治　奇蹟の画家
小嵐九八郎　蜂起には至らず〈新左翼死人列伝〉
小嵐九八郎　真《ま》幸《さき》くあらば
幸田文　崩れ
幸田文　台所のおと
幸田文　季節のかたみ
幸田文　月の塵
小池真理子　記憶の隠れ家
小池真理子　美神　ミューズ
小池真理子　冬の伽藍
小池真理子　映画は恋の教科書《テキスト》

2013年6月15日現在